JUBILACIÓN
GUÍA DE PLANIFICACIÓN

10 pasos para Generar Ingresos Constantes,
planificar inversiones estratégicas,
y construir una vida emocionalmente satisfactoria
con cualquier presupuesto

JD WILLIAMS

CONTENIDO

Introducción 5

1. Evalúa tu situación financiera actual frente a tu plan de jubilación 9
2. Reajuste de ahorros con opciones de inversión más amplias para cualquiera 27
3. Afrontar el pasivo, cuanto antes mejor 39
4. Planificar y ahorrar para gastos y emergencias en la jubilación 51
5. Presupuestar correctamente cada paso antes y después de la jubilación 67
6. Errores del plan de jubilación que hay que evitar para la seguridad y el bienestar 83
7. Crear ingresos estables para complementar los años de jubilación 97
8. Cuidarse física y mentalmente para disfrutar de la jubilación 117
9. Darse un propósito y soñar a lo grande sin gastar dinero 123
10. Transformar tu legado en inspiración para otros 139

Conclusión 155

Referencias 159

INTRODUCCIÓN

Muchos de nosotros tendemos a pensar en la jubilación como un hito lejano, algo que sucederá en un futuro distante. Sin embargo, la realidad es que en 2030 todos los Baby Boomers habrán alcanzado la edad de jubilación. En 2045, todos los miembros de la Generación X estarán en la misma situación. Es preocupante que solo el 77% de los estadounidenses estén invirtiendo en planes 401K, y un considerable 60% dependerá en gran medida de las prestaciones de la Seguridad Social. Teniendo en cuenta que la Seguridad Social puede no ser suficiente para mantener tu estilo de vida durante el período de retiro, es crucial pensar seriamente en la planificación de la jubilación.

Si te preocupa el futuro, no eres el único. El miedo a quedarse sin ahorros, no poder hacer frente a emergencias inesperadas o gestionar las deudas existentes es habitual. Nadie quiere sentir que se convertirá en una carga para su familia o que tendrá que comprometer drásticamente su estilo de vida y sus sueños. Puede que incluso te preguntes si posees todos los conocimientos necesarios para planificar tu jubilación. Es un tema que rara vez se trata en las escuelas o en los centros de trabajo, por lo que sentirse un poco perdido es totalmente natural.

Solo pensar en esto puede ser estresante, es normal sentir temores, ansiedades e incertidumbres.. La buena noticia es que puedes hacer frente a estas preocupaciones con un plan práctico y bien estructurado. Esta guía de planificación de la jubilación ofrece asistencia paso a paso para ayudarte a experimentar una mayor tranquilidad. Este libro te guiará a través de diez pasos: desde saber inicialmente muy poco sobre la planificación de la jubilación hasta desarrollar una estrategia eficaz que te permita disfrutar de los años dorados y dejarles un legado a tus seres queridos.

Personalmente, no estaba preparada para mi retiro antes de empezar a seguir los pasos de este libro. Lamentablemente, cometí más errores de los que me gustaría admitir, y desperdicié años preciosos que podría haber dedicado a planificar un futuro más seguro. Tuve que sacudirme y tomar la iniciativa. Me lancé a aprender sobre los requisitos esenciales para la jubilación, cómo planificar eficazmente y asegurarme de contar con múltiples estrategias que me condujeran hacia una jubilación deseable. Reconocí que no todo está bajo nuestro control, pero hay aspectos que se pueden gestionar. Con la orientación que proporciona este libro, te sentirás capacitado, independientemente de la situación en la que te encuentres en ese momento.

Con herramientas prácticas, los conocimientos adecuados y las instrucciones paso a paso que encontrarás en este libro, puedes pasar de sentirte inseguro a tener confianza y ser capaz de gestionar los aspectos controlables a medida que se acerca el momento de jubilarse. Estos métodos te ayudarán a trazar cada aspecto del viaje hacia la jubilación, incluyendo la elaboración de presupuestos, la gestión de deudas y mucho más. También aprenderás a mantener ingresos estables tras la jubilación sin asumir riesgos indebidos en un mercado volátil. Por supuesto, hay espacio para algunos riesgos calculados, pero estos deben ser con los que te sientas cómodo de gestionar para lograr la estabilidad y el propósito.

Mi objetivo es ayudarte a evitar los errores y pasos en falso que he cometido en mi propio viaje. Tropecé muchas veces antes de descubrir lo que podía funcionar para mí y para otros. Dados los continuos cambios de la economía mundial, necesitaba un plan que me permitiera flexibilidad para adaptarme a la fluctuación económica. Tardé un tiempo en comprender que un plan no podía estar grabado en piedra, pero aprendí de mis errores pasados y me volví más consciente de la autogestión. Con este libro, podrás beneficiarte de mi experiencia y sortear los escollos en tu propio camino hacia la jubilación y la planificación del futuro. Puedes utilizar esta guía para crear un plan práctico para la jubilación, independientemente del momento vital en el que te encuentres; tanto si tienes treinta o cuarenta años, o te acercas a la edad de jubilación, los sencillos pasos de este libro pueden beneficiarte.

Así pues, si estás preparado para aceptar el cambio y adoptar un enfoque proactivo en la planificación de tu jubilación, aliviando las presiones que de otro modo podrían obligarte a trabajar más y durante más tiempo, vamos a sumergirnos en el primero de los diez pasos, que te proporcionará consejos prácticos y herramientas.

CAPÍTULO 1

Evalúa tu situación financiera actual frente a tu plan de jubilación

"No se puede eludir la responsabilidad del mañana eludiéndola hoy".
-Abraham Lincoln

Intentar tomar decisiones cruciales cuando no se tiene toda la información necesaria es casi dirigirse al fracaso. A pesar de ello, según datos de la Oficina del Censo de EE.UU., aproximadamente el 50% de las personas de entre 55 y 66 años no ven cómo sus finanzas actuales afectarán a sus planes de jubilación. Esta información significa que millones de estadounidenses no están preparados financieramente para ese período.

No estar preparado es típico de no apreciar plenamente la situación financiera actual. Pero el miedo al futuro solo te mostrará si pinta bien o mal. La clave para planificar un mañana mejor es evaluarlo todo hoy.

En este capítulo, te ayudaré a evaluar tu situación financiera actual, ya que no podrás hacer cambios si no aprecias plenamente lo que podría ir mal. Este paso te ayudará a evaluar tus planes de jubilación para asegurarte de que sigues por el buen camino.

Aunque la idea pueda parecer desalentadora, una evaluación permitirá identificar cualquier cambio que se necesite hacer. Puedes poner al descubierto posibles problemas o carencias en los próximos años.

Calcula tus ahorros y fondos

En la realización de estas comprobaciones intervienen varias etapas para obtener una imagen clara de los ahorros y fondos en general. Entre ellas figuran:

Evaluar activos actuales

Dedica unos momentos a revisar los ahorros actuales. Hay que examinar todo el patrimonio, incluidos 401K, IRA, cuentas de corretaje, etc. La mayoría de la gente no sabe de memoria qué fondos tiene o dónde está guardado el dinero. Es probable que tengas varias cuentas, por lo que debes enumerarlas todas y sumarlas.

Revisar planes de jubilación

Este paso es muy personal, ya que las ideas sobre la felicidad de jubilarse pueden diferir considerablemente entre una persona y otra. Tendrás que hacerte varias preguntas para entender mejor tus planes a futuro. ¿Cuáles son tus planes de vivienda? ¿Permanecerás en tu propiedad actual o reducirás el tamaño del inmueble? ¿Una casa de vacaciones se convertirá en hogar a tiempo completo después de jubilarte?

Dado que los problemas de salud son más comunes a medida que envejecemos, también tendrás que considerar qué medidas poner en marcha en caso de sufrir algún problema de salud. La opción podría ser un plan de asistencia o un fondo independiente para cubrir los gastos médicos.

Determinar los fondos que necesitarás es difícil, pero una estimación aproximada es beneficiosa para la evaluación. Puedes utilizar los gastos actuales como guía, pero recuerda que es probable que los gastos cotidianos cambien. Por ejemplo, no tendrás el costo de un viaje diario al trabajo, pero es posible que quieras relacionarte más a menudo. Piensa en cómo quieres pasar tus días durante la jubilación e intenta calcular los posibles costes que ello supondría.

Reunir toda la información sobre la pensión

Debes reunir toda la documentación y detalles sobre las pensiones. Este paso incluye la información sobre tu plan, las inversiones de jubilación y los ahorros, además de los bienes muebles e inmuebles.

Esta información te ayudará a identificar las distintas fuentes de ingresos que tendrás una vez retirado. Si estás cerca de la edad de jubilación, también puedes consultar las prestaciones públicas y la Seguridad Social a las que tendrás derecho.

Evaluar la tasa de ahorro actual

A continuación, debes analizar de forma realista cuánto ahorras cada año. Aunque muchos expertos indican porcentajes de lo que se debería ahorrar, fíjate en lo que ahorras realmente.

Conserva todos los detalles de los pasos anteriores, ya que los necesitaremos para los cálculos y comparaciones que se realizarán más adelante en este capítulo.

Te daré algunos ejemplos para ayudarte a contextualizar lo anterior.

Primer ejemplo

Lisa tiene 50 años, su casa vale $218 000 dólares, sus ingresos anuales son de $55 600 y contribuye con un 10% a su 401K.

Cuenta	**Saldo**
401K	$130 000
IRA	$38 000
CD	$10 000
Cuenta de ahorro del fondo de Emergencia	$5 000
Total de ahorro para la jubilación	$178 000

Lisa calcula que su estilo de vida durante la jubilación le costará unos 50 000 dólares anuales en términos actuales. Espera mantener este estilo de vida durante unos 30 años y, teniendo en cuenta la inflación futura, sus fondos de jubilación no alcanzan para la cantidad total que necesitará.

Segundo ejemplo

Bob y Mary son un matrimonio con una vivienda cuyo valor aproximado es de $268 000. Bob tiene 53 años y Mary, 50. Tienen dos hijos en la universidad, que se graduarán dentro de dos años. Los ingresos anuales de Bob y Mary son de 78 000 y 44 000 dólares respectivamente. Actualmente, pagan $15 000 anuales para ayudar a sus hijos con sus gastos educativos y pagan el 6% de sus ingresos a su 401K.

Cuenta	**Bob**	**Mary**
401K	$301 000	$106 000
IRA	$45 000	$34 000
Acciones	$25 000	
Bonos		$11 000
Fondo de emergencia	$5 500	$2 100
Total de ahorro para la jubilación	$371 000	$151 000

Bob y Mary planean mudarse a una casa más barata cuando se jubilen y prevén unos gastos de jubilación de aproximadamente 50 000 dólares al año.

Con unos ahorros totales de 522 000 dólares y la posibilidad de añadir más con la venta de su casa actual, Bob y Mary están cerca de estar en el buen camino con su planificación de la jubilación.

Tercer ejemplo

Laurie tiene 62 años y está divorciada; la pareja no solía ahorrar mientras estaba casada. Su piso vale aproximadamente $105 000 y sus ingresos anuales de la Seguridad Social ascienden a $30 600. Sin embargo, está empezando un pequeño negocio online para compensar el tiempo perdido y contribuir a sus ingresos de jubilación. Su negocio podría ofrecerle entre 2 000 y 5 000 dólares al mes.

401K	$154 000
Cuenta de ahorro (emergencia)	$5 000
Total de ahorro para la jubilación	$154 000

Laurie quiere mantener su nivel de vida actual tras la jubilación. Aun así, quiere ahorrar algo de dinero para una o dos vacaciones al año. A menos que el negocio de Laurie empiece a reportarle ingresos importantes, tendrá que hacer cambios profundos en sus planes de jubilación.

Cuarto ejemplo

Helen tiene 45 años y una casa que vale aproximadamente $165 000 dólares. Sus ingresos anuales son de $53 000 y actualmente aporta $7 000 anuales a su 401K.

401K	$106 000
IRA	$48 000
Acciones	$57 000
Fondo de emergencia	$4 300
Total de ahorro para la jubilación	$211 000

Helen tiene unos ahorros totales para la jubilación de $211 000. Planea jubilarse en el extranjero y tener un coste de vida más bajo, de aproximadamente $36 000 al año. Aunque venda su casa para trasladarse al extranjero, Helen no llega a cubrir sus necesidades de jubilación.

Anota tus obligaciones

Es el momento de reunir los detalles de todos los pasivos. A muchas personas este tema les resulta desalentador, pero es necesario para tener una idea clara de la situación financiera actual y de cómo te afectará al momento de jubilarte.

Calcular las deudas previas a la jubilación

Es un buen punto de partida porque, aunque te sientas seguro de poder saldar rápidamente estas deudas, ahora mismo afectarán a tu capacidad de ahorro. Las deudas pueden incluir tarjetas de crédito, tarjetas de tiendas, préstamos personales, préstamos para automóviles u otras cuentas de crédito a corto o mediano plazo.

Evaluar la cuenta hipotecaria

A continuación, hay que sacar el último extracto de la hipoteca para comprobar el saldo. Mucha gente sabe cuál era la duración inicial de su hipoteca, pero necesita saber cuántos años le quedan en la cuenta. Lo mismo ocurre si has rehipotecado la vivienda o si has contraído deudas adicionales con garantía hipotecaria.

El extracto de la hipoteca desglosará el saldo actual y detallará los meses restantes. También podrás ver el importe de los intereses cargados en la cuenta cada mes y cómo los meses restantes reducirán el saldo de la cuenta a cero, para que puedas ver cuánto tiempo queda de hipoteca y lo que te costaría cancelarla anticipadamente, si fuera necesario.

Reunir la deuda educativa

Tanto si tienes préstamos universitarios o deudas estudiantiles pendientes como si necesitas cubrir los gastos de educación de tus hijos, esta deuda afectará a tus ahorros y a tus planes de jubilación futuros. Según datos de la Reserva Federal, desde 2017, la deuda educativa dentro del grupo de edad de 50 a 61 años en los Estados Unidos ha aumentado un 33,5%, con una deuda promedio de $45 754. Por lo general, no puedes deshacerte de los préstamos estudiantiles federales aunque te declares en bancarrota. En el peor de los casos, podrías perder la Seguridad Social si no pagas a tiempo. Además, los intereses de la deuda educativa pueden no ser deducibles de impuestos.

Recopilar información sobre otros pasivos

También tendrás que reunir información sobre cualquier otro pasivo que puedas tener actualmente. Esta lista podría incluir tarjetas de crédito, préstamos personales o préstamos para automóviles. Supongamos que tienes alguna cuenta con saldo negativo que no hayamos cubierto anteriormente. En ese caso, debes anotar los importes pendientes de cada cuenta. Esto te ayudará a tener una idea clara del pasivo total.

Calcular las obligaciones mensuales

Ahora que has reunido toda la información sobre las distintas obligaciones, puedes comprobar los extractos para calcular las obligaciones mensuales. En muchos casos se tratará de una cantidad fija, como el pago de una hipoteca o un préstamo personal. Pero con las tarjetas de crédito u otros tipos de deuda puedes tener un pago variable o una cantidad mínima que debes pagar cada mes.

Es una buena idea clasificar todos los gastos de los extractos en pagos fijos o flexibles. Esto será de ayuda en la fase de evaluación del plan de jubilación y al elaborar un plan de acción en los pasos posteriores.

Es mejor pecar de precavido y redondear al alza las cantidades que debes pagar cada mes. Ten a mano la lista de estos gastos, ya que necesitarás los detalles de estas obligaciones más adelante.

Para los siguientes ejemplos, se supone que utilizamos únicamente los ingresos anuales totales como ingresos netos después de impuestos para facilitar su comprensión.

Lisa:

Responsabilidad	**Pago mensual**
Hipoteca	865 dólares con 10 años restantes
Servicios	De 405 a 500 dólares
Seguro de coche	$75
Pagos del coche	$455 con tres años restantes
Préstamo para mejoras en el hogar (de $20 000)	381 dólares con tres años restantes
Seguro de vida	385 dólares durante los próximos 12 años
Seguro de hogar	1 231 dólares al año
HOA	635 dólares al año
Impuesto sobre bienes inmuebles	3 351 dólares al año
Primera tarjeta de crédito (saldo de $3 871 al 21% TAE)	$158 al mes
Segunda tarjeta de crédito (saldo de $2 361 al 21% TAE)	158 al mes

Los gastos de Lisa ascienden a $40 941 anuales durante al menos los próximos tres años. Con sus ingresos anuales de $55 600 y su aporte del 10% a su 401K, a Lisa solo le quedan aproximadamente $9 099 de sus ingresos cada año.

Bob y Mary:

Responsabilidad	**Pago mensual**
Hipoteca	894 dólares para los próximos cinco años
Servicios	De 605 a 700 dólares
Impuesto sobre bienes inmuebles	$4 457 al año
HOA	585 dólares al año
Pagos del coche	561 dólares en los próximos cinco años
Seguro de coche	$165
Préstamo personal - Bob (saldo de $10 871)	$275 para los próximos cuatro años
Tarjeta de crédito de Bob ($2 573 de saldo al 24% TAE)	$45
Primera tarjeta de crédito de Mary ($2 361 de saldo al 21% TAE)	$75
Segunda tarjeta de crédito de Mary ($654 de saldo al 21% TAE)	$25

Los gastos combinados de Bob y Mary ascienden a $37 922 durante al menos los próximos cuatro años. Con sus salarios combinados de $122 000, las aportaciones al 401K y los gastos de educación de los hijos, a Bob y Mary les queda casi el 50% de su salario después de cubrir sus obligaciones financieras.

Laurie:

Responsabilidad	Pago mensual
Condo HOA (que incluye el seguro de la estructura de su casa y todos los servicios públicos)	$865
Servicios	$95
Impuesto sobre bienes inmuebles	3 018 dólares al año
Seguro de contenido de la propiedad	360 dólares al año
Tarjeta de crédito uno: saldo de $9 876 al 21% TAE para gastos de empresa	$271
Tarjeta de crédito dos: saldo de $3 341 al 21% TAE para gastos personales	**$91**

Laurie tiene un pasivo total de $19 242 al año, aproximadamente el 65% de sus ingresos. Pero su nuevo negocio debería aumentar su renta disponible en un futuro próximo.

Helen:

Responsabilidad	Pago mensual
Hipoteca	698 dólares durante los próximos 15 años
Servicios	De 605 a 700 dólares

HOA	585 dólares al año
Impuesto sobre bienes inmuebles	3 875 dólares al año
Seguro de hogar	1 135 dólares al año
Seguro de coche	$75
Tarjeta de crédito uno: saldo $4 361 al 21% TAE	$180
Tarjeta de crédito dos: saldo de $1 371 al 21% TAE	$55

Las obligaciones de Helen ascienden a $26 091 anuales, algo menos del 50% de sus ingresos anuales. Le proporciona fondos adicionales para aumentar su planificación de la jubilación.

Evalúa el riesgo de longevidad en la jubilación

La siguiente etapa consiste en evaluar el riesgo de longevidad para la jubilación. Aunque todos imaginamos vivir más de un siglo, planificar la jubilación sobre esta base puede someterte a una mayor tensión y aumento del estrés. Al planificar el retiro, necesitas una estimación más precisa de la longevidad para tomar decisiones con conocimiento de causa sobre la utilización de los ahorros, la solicitud de prestaciones de jubilación y evitar arriesgar los activos.

El término "riesgo de longevidad" se utiliza en el sector de los seguros para estimar la esperanza de vida y las tasas de supervivencia. El seguro de vida nos cuesta más a medida que envejecemos; estadísticamente hay más probabilidades de morir que alguien más joven. Sin embargo, el riesgo de longevidad debe ser una consideración importante en la planificación de tu jubilación.

El riesgo de longevidad afecta a los fondos de pensiones, no solo en lo que pueden durar los ahorros, sino en la cantidad que debe retirar cada mes. Por ejemplo, aunque dos personas puedan tener el mismo fondo de pensiones de 500 000 dólares, si se calcula que una vivirá hasta los 75 años y la otra tiene una esperanza de vida prevista de 85, esta última tendrá que hacer que su fondo dure 10 años más.

Aunque en la vida no hay garantías, es posible hacer provisiones para sobrellevar los ingresos de la jubilación. Debes considerar si deseas comprar rentas vitalicias o practicar la autogestión. Por ejemplo, la regla del 4% es una estrategia de retirada de fondos para minimizar el riesgo de longevidad. Esencialmente, significa retirar un máximo del 4% del valor total de sus ahorros para la jubilación en el primer año y se ajusta por inflación en los años siguientes. Por ejemplo, si una persona tiene un millón de dólares en su 401K, podría retirar un máximo de 40 000 dólares el primer año. Si la tasa de inflación en el segundo año es del 2%, podría ajustar la cantidad retirada y aumentar el máximo a $40 800. También deberías revisar las pólizas de seguro para ver si necesitas hacer cambios si el riesgo de longevidad es inadecuado.

En nuestros ejemplos anteriores, Lisa tiene familiares que viven hasta los 85 años, por lo que ha contratado un seguro de vida que ofrece 1 millón de dólares con asistencia a largo plazo. En cambio, Bob y Mary no tienen seguro de vida. La familia de Bob tiende a morir a finales de los 60, mientras que los familiares de Mary han vivido hasta los 80 años. Esto significa que Mary puede ser vulnerable, ya que Bob probablemente tendrá un riesgo de longevidad menor.

Ni Laurie ni Helen tienen seguro de vida; los familiares de Laurie suelen vivir hasta los 80 años, mientras que los de Helen viven hasta los 70 años. Ambas son vulnerables si sufren problemas de salud tras la jubilación.

Ten todos estos detalles en cuenta durante la siguiente evaluación.

Evaluación final

En esta fase de evaluación, determinamos lo que quieres conseguir con los planes financieros de jubilación y lo que quieres ahorrar. Es el momento ideal para empezar a fijar objetivos.

Cada persona imagina su jubilación de una manera diferente. Algunos pueden imaginarse unas vacaciones de lujo varias veces al año. Otros, en cambio, quieren ser hogareños que disfrutan socializando en su comunidad y ayudando con los nietos. Ambas situaciones requerirán un nivel de ingresos diferente.

Utiliza tus gastos actuales para orientarte sobre cuántos ingresos debes tener para mantener un estilo de vida similar, haciendo los ajustes oportunos en función de tus objetivos. A continuación, deberás proyectar cuántos ahorros necesitarás para alcanzar este estilo de vida una vez jubilado. Una buena regla general es considerar retiradas máximas del 4% al 5% del valor de tu cartera cada año. Así, si necesitarás 50 000 dólares al año, deberás tener 1,25 millones de dólares en activos.

Afortunadamente, algunas sencillas calculadoras de inversión pueden ayudarte a determinar las cantidades precisas adaptadas a tus objetivos de jubilación. Por ejemplo, Bank Rate(1) tiene una magnífica calculadora que es gratuita. Tienes que introducir tus ahorros actuales y algunos detalles más para determinar cuánto necesitarás para alcanzar tu fondo de jubilación necesario.

Ten en cuenta que si reduces las obligaciones y deudas antes de jubilarte, puedes disminuir la suma de dinero que necesitarás de forma realista para sobrevivir cada mes. En los ejemplos anteriores, cuando Lisa cumpla 65 años, ya no tendrá que hacer frente al pago de la hipoteca, la financiación del coche y el préstamo para la mejora de la vivienda.

También es buena idea fijarse objetivos sobre cuánto se quiere ahorrar para vivienda, asistencia sanitaria, seguro de dependencia, un fondo de emergencia y otras provisiones a largo plazo.

Puedes utilizar todas estas cifras en una calculadora de jubilación para ver qué cambios necesitas hacer para alinearte con tus objetivos. Hay una gran calculadora en el sitio web oficial de Dave Ramsey, RamseySolutions.com(2). Debes introducir tu edad actual, la edad de jubilación prevista y algunas de tus cifras para comprobar si tu fondo de jubilación va por buen camino.

Si introducimos los datos de nuestros ejemplos en esta calculadora, veremos que Lisa tendría un fondo de jubilación previsto de $2 865 149. Supongamos que Bob y Mary tienen un fondo de jubilación conjunto. En ese caso, su cartera proyectada ascenderá a $3 748 030, más los fondos que añadan por la reducción de su vivienda.

Este tipo de calculadora puede ser muy útil para evaluar si los ahorros para la jubilación van por buen camino y qué más tienes que hacer para asegurarte de que dispones de ingresos suficientes para cumplir con tus objetivos de jubilación.

Fernando Flores, ministro de Hacienda de Chile, empresario e ingeniero, dijo una vez: "Hice el balance de mi vida y empecé a vivirla. Eso fue la libertad". Al evaluar tu situación actual, puedes empezar a tomar el control de tus finanzas y continuar con los pasos siguientes de este libro, asegurándote de hacer los cambios que te proporcionarán libertad en los años dorados. Cualquier planificador financiero profesional empezará por evaluar las finanzas actuales, por lo que este es siempre un buen punto de partida. Una vez que conozcas los posibles problemas, podemos pasar al siguiente paso para empezar a corregirlos.

HOJA DE CÁLCULO PARA LA JUBILACIÓN:

Enumera todas las cuentas de jubilación (401K, IRA, acciones, bonos, etc...).

Tipo y número de cuenta	Tú	Socio
Total de ahorro para la jubilación		

HOJA DE CÁLCULO DE PASIVOS:

Enumera todos tus gastos (pago de la hipoteca o alquiler, seguro de la vivienda, impuestos sobre la propiedad, cuota de la comunidad de propietarios, cuidado del césped, préstamo para mejoras de la propiedad, pagos del coche, seguro del coche, seguro médico, seguro de vida, préstamo para mejoras y cualquier deuda que aún tengas que pagar).

Tipo y frecuencia (semanal, bisemanal, mensual o anual)	Número de cuenta	Importe	Monto anual calculado
Pasivo total			

CAPÍTULO 2

REAJUSTE DE AHORROS CON OPCIONES DE INVERSIÓN MÁS AMPLIAS PARA CUALQUIERA

"La cualidad más importante para un inversor es el temperamento, no el intelecto".

-Warren Buffet

Antes de que podamos cerrar el tema de los objetivos de jubilación, tenemos que hablar de varias formas de maximizar tus ahorros actuales o añadirlos a los planes para crear más ingresos para el futuro. Según una encuesta realizada por American Express, algo más de un tercio de las personas tiene tres o más cuentas de jubilación, mientras que solo una de cada seis tiene cinco o más cuentas.

Aunque puede resultar tentador intentar simplificar las cuentas de jubilación, esto podría significar que está desaprovechando un potencial de obtención de ingresos. Por eso, en este capítulo repasaremos las numerosas opciones de inversión que cualquiera puede utilizar para ayudarte a descubrir la que mejor se adapte a tus circunstancias, preferencias y necesidades.

Para los lectores de países fuera de EE.UU., utilicen un plan de inversión similar en su país de origen.

Diferentes tipos de cuentas IRA

La mayoría de la gente sabe que las cuentas IRA son cuentas de jubilación, pero ¿sabías que existen numerosos tipos de cuentas IRA? Esto facilita encontrar la que mejor se adapte a tus circunstancias. Los tipos de cuentas IRA incluyen:

- ***IRA tradicional***

  Permiten ahorrar dinero antes de impuestos. El dinero que ahorres se deducirá de los ingresos antes de deducir los impuestos. Esto reduce la base imponible, pero estará sujeto al pago de impuestos cuando hagas retiros después de jubilarte, ya que solo está aplazando el pago. Existen límites a la cantidad que se puede aportar, pero los mayores de 50 años pueden hacer aportes adicionales.

- ***Roth IRA***

  Esta es una gran opción para los más jóvenes, ya que puede financiarse con dinero después de impuestos. Aunque esto elimina la deducción fiscal inmediata, puedes evitar la importante carga del impuesto sobre la renta cuando realices retiros después de la jubilación. Las cuentas IRA Roth tienen potencial para ser lucrativas a largo plazo. Pero si la jubilación se acerca rápidamente, es posible que no puedas aprovecharla al máximo. Afortunadamente, los mayores de 50 años tienen un límite de aportes más alto, por lo que puedes tener dinero en la cuenta ganando más intereses libres de impuestos.

- ***Rollover IRA***

Cuando traslades una cuenta de jubilación a una nueva cuenta IRA, crearás una cuenta IRA de transferencia. Esencialmente, estás "transfiriendo" el dinero de una cuenta a tu cuenta IRA de transferencia. Sin embargo, una cuenta IRA de transferencia puede ser una cuenta IRA tradicional o Roth. Hay que tener en cuenta que la transferencia de una cuenta IRA puede generar obligaciones fiscales, por lo que es esencial consultar con un planificador financiero o asesor fiscal antes de iniciar el proceso.

- ***SEP IRA***

Las cuentas IRA SEP se parecen un poco a las cuentas IRA tradicionales, pero están diseñadas para los propietarios de pequeñas empresas y sus equipos. Los autónomos también pueden abrir una cuenta IRA SEP. A diferencia de algunas cuentas IRA, solo el empresario puede contribuir a una cuenta IRA SEP, y las contribuciones van a un plan separado para cada empleado. Las aportaciones pueden realizarse a discreción del empresario, pero con un tope del 25% de los ingresos o $66 000.

- ***Cuenta IRA simple***

Es una alternativa para los empleados de pequeñas empresas que no pueden acceder a un 401K, que suelen ser caros de mantener. Por lo tanto, no son prácticos para muchas empresas, pero las cuentas IRA simples funcionan de manera similar. Los empleados pueden ahorrar dinero automáticamente mediante deducciones en la nómina, y existe la opción de que los empresarios igualen estas aportaciones. La cantidad está limitada al 3% del salario anual del empleado, con un límite de contribución anual establecido para cada año. En 2023, este límite era de $15 500, pero si tiene 50 años o más, puede hacer aportaciones de recuperación, que aumentan el límite establecido a $19 000.

- ***IRA conyugal***

  Aunque las cuentas IRA suelen estar reservadas a los trabajadores que obtienen ingresos, como su nombre indica, las cuentas IRA conyugales permiten al cónyuge del trabajador financiar una cuenta IRA. La única salvedad es que la base imponible del cónyuge tiene que ser superior a las aportaciones realizadas a cualquier cuenta IRA.

Crea tus propios planes

Afortunadamente, las cuentas de jubilación no se limitan a las cuentas IRA, ya que existen otros planes que te permitirán diversificar y generar flujos de ingresos adicionales. Entre otros planes, existen:

- ***Solo 401K***

  También se denomina "solo-k" o "Uni-k". Básicamente, este plan está diseñado para los empresarios y sus cónyuges. Dado que el empresario es a la vez empleador y empleado, puede realizar aportaciones optativas y no optativas. Pero si tiene planes de ampliar su negocio y contratar empleados no puede utilizar este plan.

- ***GIAs***

Las empresas no suelen ofrecer GIA o rentas vitalicias garantizadas, pero puedes adquirirlas para crear un plan de pensiones. Puedes canjear una cantidad al momento de jubilarte para adquirir una renta vitalicia inmediata y generar un pago mensual de por vida. Puedes comprar GIAs después de impuestos, por lo que solo tendrás que pagar impuestos sobre las ganancias, o puedes comprarlos a través de una cuenta IRA para obtener una deducción fiscal por adelantado.

- ***Anualidades diferidas***

Las rentas vitalicias diferidas son contratos ofrecidos por compañías de seguros. Básicamente, prometen el pago de una cantidad a tanto alzado o una renta periódica en una fecha futura. Puedes utilizar las rentas vitalicias diferidas para complementar los ingresos de jubilación.

Existen tres tipos de rentas vitalicias diferidas: variables, fijas e indexadas. Las rentas vitalicias diferidas variables ofrecen un rendimiento basado en la cartera de productos que elija el titular de la renta vitalicia. En cambio, las fijas prometen un tipo de rendimiento garantizado. Las rentas vitalicias indexadas ofrecen una rentabilidad basada en el rendimiento de un índice de mercado.

Las tres funcionan con impuestos diferidos, por lo que solo pagarás impuestos cuando retiren o empiecen a percibir ingresos.

Inversiones de jubilación ofrecidas por la empresa

En el caso de tener un empleo, puede valer la pena investigar si puedes acceder a algunas inversiones para la jubilación si las ofrece tu empresa. Entre estos productos de inversión para la jubilación figuran:

- ***Planes patrocinados por el empleador (401K, 403b y 457)***

  El 401K es el tipo de plan de jubilación más popular que ofrecen las grandes empresas. Sin embargo, el 403B se utiliza para empleados de determinadas organizaciones benéficas y colegios públicos, y los planes 457 solo están disponibles si usted es empleado de una administración estatal o local. Estos planes funcionan de forma similar a los planes de jubilación cualificados, en los que la empresa puede igualar las inversión hasta un tope. Por ejemplo, si depositas el 2% de tus ingresos anuales, la empresa puede depositar una cantidad equivalente. Esto significa que si consigues maximizar sus aportaciones, obtendrás una bonificación que crecerá año tras año. Si tienes más de 50 años, también puedes hacer aportaciones para ponerte al día con una bonificación de $7 500 anuales.

  Los fondos de tu cuenta no están sujetos al impuesto sobre la renta hasta que realices un reintegro. Por lo tanto, si te acercas a un tramo impositivo más alto, puedes obtener una desgravación inmediata.

- ***Planes federales de ahorro***

  Este tipo de plan es como un 401K sobrealimentado, y está disponible para trabajadores del gobierno o miembros de los servicios uniformados. Se puede elegir entre cinco opciones de inversión: un fondo de renta fija, un fondo de pequeña capitalización, un fondo de acciones internacionales, un fondo índice S&P 500 y un fondo de valores del Tesoro especialmente emitidos. Todos son de bajo coste para que puedas tomar decisiones de inversión relativamente fáciles.

- ***Pensiones tradicionales***

Estas son planes de prestación definida, fáciles de gestionar porque están totalmente financiados por su empresa. Estos planes proporcionan unos ingresos fijos cuando te jubilas, pero tendrás suerte si tu empresa ofrece este tipo de producto. Solo 13 de las 500 empresas de Fortune ofrecen planes de pensiones tradicionales a los nuevos empleados.

Esto se debe a que estas pensiones se pagan de por vida y suelen calcularse en función del salario y la antigüedad en la empresa. Esencialmente, son una promesa cara que el empresario tiene que cumplir.

Por tanto, si su empresa le ofrece una pensión tradicional, mantenga activo el plan el mayor tiempo posible.

- ***Planes de Saldo de Caja***

Se trata de otro tipo de plan de prestaciones definidas. Pero en lugar de ofrecer una cantidad basada en tus ingresos antes de la jubilación, los ingresos se basan en los créditos de inversión y cotización. Por ejemplo, si existe un crédito de inversión o la promesa de una rentabilidad del 5%, la empresa puede disminuir sus aportaciones si los activos del plan ganan más. Esto crea flexibilidad y un mayor control sobre los costes de los planes de pensiones de empresa.

- ***Planes de seguro de vida con valor en efectivo***

  Algunas empresas ofrecen este tipo de plan como prestación laboral. Los hay de vida entera, vida universal, vida universal variable o vida variable. Básicamente, proporcionan prestaciones por fallecimiento al tiempo que acumulan valor en efectivo, que puede utilizarse para apoyar tu jubilación. Si haces un retiro de las primas que has pagado, no están sujetas a impuestos.

  Estos planes pueden ser un poco más complicados que otros, pero pueden ofrecer retiros libres de impuestos si se diseñan adecuadamente.

- ***Pensiones simplificadas de los trabajadores por cuenta ajena***

  A menudo denominados SARSEP, estos planes permiten las aportaciones de reducción salarial de los empleados, pero las ganancias pueden retirarse en cualquier momento. Es similar a la cuenta IRA tradicional, pero las ganancias y aportaciones pueden reinvertirse libres de impuestos en otros planes de jubilación o cuentas IRA.

  Hay una serie de restricciones impuestas por el IRS para los SARSEP, por lo que tendrías que comprobar con tu empresa si cumples con los requisitos.

- ***Planes de propiedad de acciones para empleados***

  Los ESOP son una prestación para empleados que les dan una participación en la propiedad de su empresa en forma de acciones o participaciones. El plan se configura como un fondo fiduciario, pero puedes rescatar las acciones cuando te jubiles o finalices tu relación laboral.

Prestaciones de la Seguridad Social

La Seguridad Social suele ser la principal fuente de ingresos para los jubilados, pero hay formas de maximizar las prestaciones para obtener mayores ingresos. En primer lugar, debes procurar trabajar los 35 años completos o más. Las prestaciones se calcularán en función de tus ingresos a lo largo de toda tu vida, mediante una fórmula de ingresos mensuales medios indexados para determinar la cuantía concreta. Si has estado desempleado durante un tiempo, esos años se calcularán como cero, lo que reducirá la media.

Afortunadamente, puedes sustituir esos años trabajando después de los 60 años. También puedes retrasar las prestaciones para aumentar los ingresos cuando se jubile.

Por lo tanto, si crees que la Seguridad Social será una parte crucial de tus ingresos de jubilación, merece la pena estudiar cómo maximizar tus prestaciones antes de jubilarte.

Planes patrocinados por la empresa frente a inversión personal

Con tantos planes y productos de jubilación, averiguar cuáles son los mejores puede resultar abrumador. Hay pros y contras asociados a los planes patrocinados por la empresa y a la inversión personal, por lo que es crucial evaluarlos para tomar una decisión con conocimiento de causa.

Los planes patrocinados por la empresa, como el 401K, ofrecen algunas ventajas sobre los planes de inversión personales. Por ejemplo, puedes trasladar el 401K a otra empresa si cambias de trabajo o transferirlo a una cuenta IRA. Esto significa que no estás atado a una empresa simplemente porque no quieres perder tus prestaciones de jubilación.

Si te satisface seguir en la misma empresa, los planes de prestación definida pueden ofrecerte unos ingresos que no se agotarán. Este tipo de planes ofrecen un pago hasta su fallecimiento, por lo que no sobrevivirá a tus ingresos. También puedes invertir en una empresa y obtener una participación en el éxito de la compañía.

En cualquiera de los dos tipos de planes, no suele ser necesario que participes en la gestión del fondo. En la mayoría de los planes, la empresa se encarga de eso.

Los planes de inversión personales suelen ofrecer límites de aportación más elevados y la posibilidad de invertir en activos de mayor rentabilidad. Por lo general, puedes invertir en una gama más diversa de activos, pero tendrás que asumir un papel más activo en la gestión de la inversión.

Elegir la mejor combinación de opciones de inversión

Muchos optan por un 401K y una cuenta IRA, que ofrecen dos opciones de ahorro para la jubilación con ventajas fiscales. Es una buena idea disponer de ambas opciones y tratar de aprovechar al máximo sus beneficios, sobre todo si tu empresa iguala las aportaciones para la jubilación.

Si ahorras en un plan 401K, intenta alcanzar el máximo de la aportación de la compañía para disfrutar de un rendimiento inmediato de tus ahorros. Muchas empresas igualan entre el 50% y el 100% de las aportaciones anuales, hasta un máximo aproximado del 3% al 5% de tu salario.

Una vez que hayas alcanzado el máximo de tu 401K, deberías alcanzar el máximo de tu IRA. Si dispones de fondos suficientes después de estas aportaciones, puedes buscar otras opciones de inversión. La mejor estrategia para el futuro financiero es completar las cuentas con los importes máximos legales al año. Esto no solo te permitirá disfrutar de las ventajas fiscales, sino que también podrás capitalizar tus rendimientos para obtener un mayor potencial de ingresos.

Tener todos los fondos de jubilación en una sola cuenta puede parecer sencillo, pero podría reducir el potencial de ingresos futuros. Si puedes invertir en varias cuentas, se reparte el riesgo y aumentan los posibles rendimientos. Una vez que hayas identificado los productos más apropiados para tus circunstancias, es el momento de incorporar la gestión de la deuda, para que el viaje de planificación de la jubilación sea más suave.

CAPÍTULO 3

AFRONTAR EL PASIVO, CUANTO ANTES MEJOR

"Las deudas son como los hijos: engendradas con placer, pero paridas con dolor".

-MOLIERE

Una de las principales preocupaciones a la hora de planificar el retiro es dónde encontrar los fondos para invertir durante la jubilación o cómo gestionar las deudas durante este período. Si es uno de tus temores, no eres el único. De hecho, las investigaciones muestran que el 71% de los jubilados tienen deudas que no están relacionadas con su hipoteca. Desgraciadamente, tener deudas durante la jubilación puede ser un gran escollo, como veremos en el paso seis. Pero primero, exploraremos cómo puedes reducir el riesgo de contraer deudas una vez jubilado.

El alivio de la deuda antes de la jubilación ofrece numerosas ventajas, como disponer de más fondos y ahorros para disfrutar del estilo de vida al que se está acostumbrado y, al mismo tiempo, conservar los fondos para emergencias. Jubilarse con deudas también puede afectar no solo al bienestar financiero, sino también al bienestar mental(1). Además, supongamos que planeas jubilarte sin ningún pasivo pendiente. En ese caso, existe un mayor riesgo de descarrilar los planes de jubilación, y será más probable que utilices los ahorros de jubilación para pagar la deuda.

Así que, para reducir estos riesgos y aprovechar todas las ventajas, es necesario comprender los fundamentos de los distintos enfoques de gestión de la deuda y cómo funcionan.

Gestión de la deuda

La gestión de deudas puede ser una forma sencilla de resolver los problemas financieros antes de jubilarse. El objetivo principal de la gestión de deudas es ayudarte a elaborar un plan para saldar tus deudas, pero también puede orientarte acerca de en cuáles centrarte primero. Estas se organizan según el tipo de interés de la deuda, los plazos y otros criterios. Este tipo de planificación puede ser muy útil para minimizar la cantidad de intereses que estás pagando por las deudas pendientes.

Por ejemplo, si tienes una tarjeta de crédito con un tipo de interés del 29% y un préstamo personal con un tipo del 7%, es probable que un programa de gestión de deudas le dé prioridad a pagar primero la tarjeta de crédito. Aunque el saldo de tu préstamo sea mayor, probablemente estés acumulando muchos más intereses en tu tarjeta de crédito.

Por lo tanto, el programa de gestión de la deuda se estructurará para seguir pagando el mínimo necesario a la cuenta del préstamo personal. Aun así, cualquier fondo adicional se dirigirá a tu cuenta de tarjeta de crédito. Una vez que la cuenta de la tarjeta de crédito se liquida, habrá más fondos para pagar el préstamo antes de tiempo.

Por supuesto, muchas personas tienen finanzas más complejas que simplemente una tarjeta de crédito y un préstamo personal. Este programa de gestión de deudas es una forma sencilla de saber lo que debes ingresar mensualmente en cada cuenta.

Los programas de gestión de deudas suelen crearse para liquidar tus deudas en un plazo de 36 a 60 meses. Pero, a veces, la empresa de gestión de deudas puede negociar una congelación de tipos u otras condiciones para ayudarte a saldar las cuentas de forma eficiente.

Asesoramiento sobre deudas

Otra opción puede ser el asesoramiento sobre deudas o crédito. Este tema parece similar a la gestión de deudas, pero cuando te reúnes con un asesor financiero capacitado, te hace recomendaciones personalizadas después de revisar a fondo tus finanzas. El objetivo general de esto es ayudarte a desarrollar una mejor comprensión de tu situación financiera y capacitarte para crear un plan de acción. No tienes obligación de seguir las recomendaciones, pero tendrás una revisión exhaustiva de todos los aspectos de tus finanzas, incluidas las deudas, ahorros y activos.

Hay varias opciones de asesoramiento sobre deudas, y puedes hablar con un asesor en persona o por teléfono. Como el asesor ofrece recomendaciones a medida, este servicio puede darte una idea clara de cómo saldar tu deuda. Aun así, tendrás flexibilidad para ajustar tus pagos si surge algún imprevisto.

Por ejemplo, mientras que un plan de gestión de deudas requiere que realices pagos mensuales específicos en todas tus cuentas, el asesoramiento sobre deudas solo ofrece recomendaciones sobre lo que debes pagar. Si tienes una factura inesperada por la reparación de un coche o necesitas sustituir un calentador de agua, puedes reducir los pagos al mínimo exigible durante uno o dos meses para cubrir el coste.

Consolidación de deudas

Si la gestión de varias cuentas de crédito te resulta un poco abrumadora, puedes plantearte la consolidación de deudas. Este método consiste en agrupar todas tus deudas en un solo préstamo para realizar un único pago mensual. El objetivo de esta reunificación es facilitarte la vida financiera.

Sin embargo, cualquier decisión financiera tiene sus pros y sus contras. Tendrás que considerar algunas cosas antes de tomar una decisión final. En primer lugar, tendrás que mirar la tasa ofrecida con un préstamo de consolidación de deuda. Si tu puntuación crediticia ha descendido recientemente, es posible que te ofrezcan un préstamo con un tipo de interés superior al de algunas de tus cuentas de crédito. Puedes obtener un tipo más bajo garantizando un nuevo préstamo con tu vivienda u otros activos. Esta opción puede ser ventajosa, pero tu vivienda estará en peligro si no puedes cumplir el calendario de amortización.

También tendrás que fijarte en las condiciones del préstamo de consolidación de deudas. Las personas que lo consideran a menudo quieren reducir sus pagos mensuales. El objetivo se consigue haciendo que la devolución del préstamo cueste menos que los pagos mínimos combinados de todas las cuentas de tarjetas de crédito y préstamos. Desgraciadamente, esto suele implicar un préstamo a más largo plazo, que, si bien ofrece cierto alivio para los gastos mensuales, puede afectar tu calendario de jubilación.

La gestión de deudas, el asesoramiento o incluso la consolidación de deudas pueden ser viables si te planteas recurrir a los ahorros para la jubilación. Cargar con deudas puede resultar abrumador y estresante, pero la ayuda profesional puede ayudarte a tomar las riendas de las finanzas y a estar mejor preparado para organizar tus fondos.

Reducción de la deuda

Considera un programa de reducción de deuda si ninguna de las opciones anteriores es factible. La reducción de la deuda ofrece planes a corto y largo plazo para saldarla según tu calendario.

Como su nombre indica, el objetivo general de la reducción de la deuda es reducirla. Existen proveedores de servicios profesionales especializados en la reducción de deudas. Al igual que con los otros métodos que hemos cubierto anteriormente, tendrás que proporcionar los detalles de tus diversas cuentas, y luego el asesor revisará cada una para ver dónde se puede ajustar de manera efectiva.

En algunas circunstancias, el asesor podría negociar un plan de reducción de la deuda. Esta persona se pondrá en contacto con la entidad emisora de la tarjeta de crédito, el prestamista u otro acreedor para ver si están dispuestos a aceptar una cantidad reducida para saldar la cuenta o si congelarían los intereses para permitirte saldarla.

La ventaja es que puedes concentrarte en pagar el saldo de la cuenta sin preocuparte de que se añadan más intereses. Sin embargo, existen algunos inconvenientes potenciales, como el hecho de que tu puntuación crediticia puede verse afectada.

Algunos prestamistas reportarán la cuenta como "pagada-liquidada", haciendo saber a futuros prestamistas que negociaste un saldo reducido para liquidar tu cuenta. Así pues, supongamos que tus planes de jubilación implican pedir dinero prestado. En ese caso, un plan oficial de reducción de la deuda puede reducir las posibilidades de que te aprueben más préstamos.

Autogestión de las deudas

En última instancia, si quieres gestionar tus deudas, existen algunas herramientas y estrategias de autogestión que puedes utilizar. Repasemos los pasos utilizando la lista de deudas y obligaciones que anotaste en el primer paso.

Priorizar tus deudas

Aunque en el primer paso hemos hablado de deudas fijas y flexibles, priorizar tus deudas es algo diferente. Lo mejor sería clasificarlas en función de su responsabilidad y sus gastos.

Aunque es fácil suponer que debes pagar primero las deudas más grandes, esto no es necesariamente cierto. A menudo, las deudas más importantes, como hipotecas y préstamos, tienen pagos fijos con un plazo determinado. Este paso te permite saber exactamente cuánto tienes que pagar y cuánto tardarás en liquidar la cuenta. En cambio, las tarjetas de crédito son deudas renovables. Si haces el pago mínimo cada mes, solo pagarás una pequeña cantidad del saldo total. En este caso, ¡podrías estar arrastrando la deuda durante años!

En nuestros ejemplos anteriores, Lisa tenía una hipoteca, un préstamo para reformas, pagos del coche y tarjetas de crédito. Aunque su hipoteca es la que más cuesta cada mes, $865, probablemente tendrá el tipo de interés más bajo, y los pagos son fijos durante los próximos diez años. Sin embargo, las dos tarjetas de crédito de Lisa tienen una TAE del 21% y cuestan $316 al mes. Por lo tanto, estas deberían ser las primeras prioridades de Lisa. Una vez liquidadas estas cuentas, podría empezar a pagar los préstamos para el coche y para la reforma de la vivienda, que son fijos y a los que les quedan tres años. Este escenario significa que Lisa tendrá una fecha final en la que ya no necesitará cubrir estos pagos.

Por lo tanto, revisa tu lista de deudas para ver cuál debe ser la prioridad en el plan de pago de deudas.

Calcular la bola de nieve de reducción de deuda

Si no estás seguro de qué pasivos deben priorizarse, utiliza una calculadora de bola de nieve de reducción de deuda. Esta herramienta puede ayudarte a priorizar los pasivos, y te ayudará a presupuestar en el paso cinco de este libro.

Las calculadoras como esta(2) son fáciles de usar. Tienes que descargar el formato que prefieras (ya sea una hoja de cálculo de Google o de Excel); a continuación, puedes introducir los detalles de tus deudas y la hoja de cálculo te ayudará a comprender cómo un calendario de pagos saldará tus cuentas de la forma más eficaz. Esta herramienta puede explorar distintas estrategias y determinar cuál es la que más te conviene.

Por supuesto, es posible hacerlo manualmente si no tienes acceso a un ordenador. Aun así, tendrás que hacer algunos cálculos serios. Tendrás que utilizar la lista de pasivos que creaste en el paso uno y las TAE de cada cuenta, los pagos mensuales y los plazos. A continuación, puedes utilizar las fórmulas de pago de préstamos(3) para calcular el peso de tus obligaciones.

Hacer frente a los préstamos estudiantiles

Como ya se ha comentado, la deuda educativa es cada vez más un problema para quienes se acercan a la jubilación. Por ello, es importante hacer frente lo antes posible a tus préstamos estudiantiles o a cualquier préstamo educativo que tengas para tus hijos.

Lamentablemente, puede que tengas dificultades para acceder a los detalles del préstamo si eres cosignatario de un préstamo para sus hijos o nietos. Después de todo, solo serás responsable del préstamo si tu hijo o nieto incumple los pagos. Afortunadamente, si se trata de préstamos federales para estudiantes, puedes consultar el NSLDS (Sistema Nacional de Datos de Préstamos para Estudiantes) en el sitio web www.studentaid.gov. Los préstamos privados pueden ser más difíciles de encontrar, pero puedes rastrearlos consultando tu informe crediticio, que mostrará todas tus deudas, incluidos los préstamos educativos que tengas.

Una vez que conozcas el saldo y los plazos de los préstamos estudiantiles, tendrás que plantearte cómo jubilarte sin esta deuda. Hay algunas estrategias para lograrlo y opciones para los préstamos estudiantiles federales, incluyendo la opción de alterar el plan de pago. También puede ser posible aplazar el préstamo o utilizar la indulgencia de morosidad, lo que te dará un respiro para priorizar otras obligaciones. Además, si estás incapacitado y tu estado no ha mejorado, es posible que se te condone el préstamo por completo.

Si eres cosignatario de un préstamo, merece la pena que lo consultes con el prestamista, ya que algunos permiten la liberación del cosignatario una vez que el prestatario principal ha realizado puntualmente un número determinado de pagos. Así que, si hace unos años fuiste avalista de tu hijo, lo más probable es que ahora no tengas que responsabilizarte del préstamo.

Si tu deuda es un préstamo estudiantil privado, no hay opciones de alivio estándar. Sin embargo, los prestamistas pueden permitir la negociación del calendario de amortización.

Reducir los préstamos para coches

Muchas personas no se preocupan por los préstamos para automóviles cuando se acercan a la jubilación. Normalmente, los préstamos para automóviles tienen un interés relativamente bajo y un tipo fijo, lo que significa que sabrás exactamente cuánto tienes que pagar y durante cuánto tiempo. Sin embargo, existe el peligro de que estos préstamos suban sigilosamente y comprometan tus planes de jubilación.

Si tú y tu pareja tienen un préstamo para comprar un coche, estarán inmovilizando una importante cantidad de dinero cada mes, que podría estar destinándose a los objetivos de jubilación o comiéndose una parte de sus ingresos de jubilación.

En primer lugar, debes plantearte si necesitarás varios vehículos en tu hogar tras la jubilación. Puedes arreglártelas con un solo coche si ya no necesitas ir al trabajo todos los días. Esta opción significa que puedes vender el otro coche y deshacerte de uno de los préstamos. Además, ya no tendrás que pagar el seguro ni el mantenimiento del segundo vehículo, por lo que podrás utilizar estos ahorros y la ganancia de la venta para amortizar el préstamo restante.

Si necesitas varios vehículos en tu hogar, considera la posibilidad de cambiarlos por modelos menos caros, lo que reduciría o eliminaría tus préstamos para coches. Recuerda que los vehículos más antiguos pueden tener costes de mantenimiento y combustible más elevados, por lo que deberás tenerlo en cuenta en tus cálculos.

Evaluar la hipoteca y los préstamos hipotecarios

Liquidar la hipoteca antes de la jubilación puede ser una decisión más emocional que estratégica. Aun así, muchas personas disfrutan de la tranquilidad de no tener que preocuparse por los reembolsos de sus ingresos de jubilación. Los tipos de interés de las hipotecas suelen ser bajos, por lo que a menudo es más rentable invertir que amortizar la hipoteca. Sin embargo, si no tiene un tipo de interés fijo, sus finanzas pueden descontrolarse cuando suban los tipos.

Este escenario les ocurrió a muchos propietarios a lo largo de 2022 y 2023, cuando los tipos de interés subieron significativamente. Por lo tanto, es comprensible preocuparse de que ese pequeño pago hipotecario que podías gestionar fácilmente tras la jubilación pueda convertirse en una carga financiera.

Dedica un poco de tiempo a evaluar tu hipoteca y cualquier préstamo hipotecario para asegurarte de que puedes liquidarlos cómodamente antes de la fecha de jubilación prevista. Si te quedas corto y la hipoteca se prolongará más allá del momento de la jubilación, considera la posibilidad de hacer pagos adicionales a la cuenta para reducir el saldo.

Otra estrategia muy popular entre los jubilados es reducir el tamaño de la vivienda. Podrías vender tu casa actual y luego utilizar los ingresos para comprar una casa menos cara o más pequeña en su totalidad. Este ahorro podría reducir su carga financiera, pero una vivienda más pequeña es más fácil de gestionar a medida que envejecemos.

No dejar en suspenso los ahorros para la jubilación

Aunque hacer frente a tus deudas y pasivos financieros es esencial, no debes dejar en suspenso tus ahorros para la jubilación. Es un error común esperar a ahorrar para la jubilación hasta haber saldado todas las deudas. No es realista pensar que dejar de ahorrar para que la deuda desaparezca más rápido te beneficiará a largo plazo. Dado que se necesita tiempo para que las inversiones del fondo de jubilación den fruto, esperar hasta el último momento para crear una cuenta de jubilación puede ser un gran error.

Es más importante crear un presupuesto realista, que te permita pagar tus deudas estratégicamente y guardar dinero para tu fondo de jubilación. En esta opción es donde priorizar los pasivos es crucial. Puedes concentrarte en pagar las deudas que serán perjudiciales para tu jubilación en lugar de intentar liquidar todo a costa de tus ahorros.

No te preocupes demasiado por la planificación y la creación de un presupuesto para el pago de tu deuda sin poner los ahorros de jubilación en espera, ya que vamos a cubrir esto en el paso cinco de este libro.

Las deudas pueden ser una carga en cualquier momento, pero pueden resultar increíblemente estresantes cuando se intenta encarrilar la planificación de la jubilación. Según el escritor e ingeniero Michael Mihalik, también puede amargar a una persona feliz, y nadie sueña con un final amargo para su jubilación. Afortunadamente, si afrontas tus deudas cuanto antes, podrás disfrutar de una jubilación llena de libertad y buenos recuerdos. Trabajando en las obligaciones y tomando medidas proactivas, estarás un paso más cerca de lograr la estabilidad financiera para la jubilación. Mientras tanto, trabajaremos en tus ahorros para los gastos previstos e imprevistos.

CAPÍTULO 4

PLANIFICAR Y AHORRAR PARA GASTOS Y EMERGENCIAS EN LA JUBILACIÓN

"No hace falta que veas toda la escalera, basta con que des el primer paso".

-MARTIN LUTHER KING, JR.

Los objetivos que hemos fijado en los pasos anteriores son solo el principio, y ahora es el momento de planificar adecuadamente lo que necesitarás en la jubilación, incluidos los ahorros y planes de cuidados a largo plazo. Una encuesta reciente de la Sociedad de Actuarios informaba que aproximadamente la mitad de los jubilados experimentan algún tipo de shock financiero inesperado.

Estos gastos inesperados pueden hacer descarrilar seriamente tus planes de jubilación, por lo que es importante preparar las finanzas para cualquier emergencia. En el siguiente paso, aprenderás a planificar y ahorrar para gastos imprevistos con el fin de disponer de los ahorros que puedas necesitar.

Anotar todos los gastos posteriores a la jubilación

Antes de analizar cuánto dinero necesitarás para jubilarte, incluyendo algún imprevisto para sorpresas, tenemos que profundizar en los gastos necesarios. Tus gastos de manutención mensuales serán tu prioridad número uno, para que puedas seguir viviendo aunque tengas que hacer frente a algunos problemas financieros.

Una vez cubiertos los gastos básicos en el primer paso, ahora tenemos que revisar los gastos previstos tras la jubilación que tendrás que cubrir mensualmente. Estos variarán en función de sus circunstancias, pero los gastos típicos en los que tendrás que pensar incluyen:

- ***Costes de la vivienda***

  Debes incluir esta cifra si aún tienes una hipoteca o un alquiler. Sin embargo, aunque hayas pagado la hipoteca, hay que tener en cuenta el mantenimiento, el impuesto sobre bienes inmuebles y las cuotas de la comunidad de propietarios. Puedes calcular estos costes basándote en los gastos actuales.

- ***Servicios públicos***

  El gas, la electricidad, el agua, Internet, el teléfono y otros servicios públicos pueden suponer uno de los mayores gastos a los que se enfrentan los jubilados. Recuerda que, una vez jubilado, no trabajarás durante el día. Por lo tanto, los servicios pueden ser ligeramente superiores a las facturas actuales, ya que necesitarás calentar y enfriar tu casa durante más horas a la semana.

- ***Compras y alimentación***

  Esta categoría puede ser más fácil de calcular, ya que puedes utilizar tus gastos actuales como base. Recuerda que dispones de más tiempo para preparar comidas caseras en lugar de recurrir a alimentos precocinados más costosos.

- ***Ropa***

  Incluso si plancas una jubilación sin prisas, seguirás necesitando actualizar tu armario periódicamente. Por eso es esencial incluir la ropa en tu presupuesto para después de la jubilación.

- ***Entretenimiento***

  Este apartado debe incluir cenas fuera, películas y otros gastos en un mes normal. Querrás disfrutar de tu jubilación y no pasar las 24 horas del día dentro de tu casa. Si te gusta salir a cenar con amigos, ver las últimas películas o pasar una noche en el teatro, debes calcular cuánto necesitarás por mes.

- ***Transporte***

  Aunque no tengas que desplazarte todos los días al trabajo, tendrás que tener en cuenta los gastos de mantenimiento del vehículo, combustible, seguro y reparaciones.

- ***Viajes***

  También puedes incluir los viajes en los planes posteriores a la jubilación. Ya sea en avión o en coche, tendrás que cubrir todos los gastos de viaje, incluidos los hoteles, dinero para las comidas y otros gastos asociados a tus planes de viaje habituales.

- ***Sanidad***

Este tema será probablemente una de las categorías más importantes del presupuesto. Los jubilados gastan una media del 5% de sus ingresos mensuales en atención sanitaria, con unos gastos de bolsillo que suelen oscilar entre 2 000 y 7 000 dólares al año. Fidelity calcula que la pareja media necesitará presupuestar 295 000 dólares como estimación para gastos médicos, excluyendo los cuidados de larga duración durante la jubilación.

Si tienes previsto acogerte a Medicare, debes tener en cuenta que, aunque cubrirá algunos de los gastos sanitarios durante la jubilación, existen algunas limitaciones. Tendrás que presupuestar las primas, las franquicias y otros gastos de tu bolsillo, incluidos los medicamentos.

Por ejemplo, en 2023, la franquicia por tratamiento hospitalario en régimen de hospitalización para la Parte A de Medicare será de $1 600, mientras que la prima mensual estándar de la Parte B será de $164,90 y una franquicia anual de $226.

Otro gasto médico que deberás tener en cuenta son los gastos dentales. Las personas mayores suelen necesitar coronas, dentaduras postizas, prótesis dentales y otros tratamientos potencialmente costosos. Estos gastos implican que necesitarás alguna previsión, ya sea un plan de cobertura dental independiente o Medicare Advantage.

- ***Atención a largo plazo***

Aunque todos queremos imaginarnos viviendo una jubilación activa y ocupada, a medida que envejecemos hay más probabilidades de que necesites acceder a cuidados de larga duración. Si empiezas a tener problemas de salud que te impidan vivir de forma independiente, deberás sufragar el coste de los cuidados de larga duración.

Desgraciadamente, esto puede suponer unos gastos considerables. Dependiendo de dónde vivas, la vida asistida cuesta entre 40 000 y 100 000 dólares al año. Para muchas personas, esta cantidad estará por encima de los retiros anuales recomendados de los fondos de jubilación, sobre todo porque todavía tendrás que cubrir algunos gastos básicos. Muchas personas se ven obligadas a vender sus casas para sufragar los gastos de la vida asistida.

Afortunadamente, existen otras opciones, como el seguro de dependencia. Aunque, por lo general, los seguros médicos privados no cubren las residencias asistidas, existen pólizas específicas. Pero ten en cuenta que estas pólizas deben contratarse mucho antes de que las necesites. Por lo tanto, merece la pena contratar una póliza antes de jubilarse e incluir el coste de las primas en los planes de jubilación.

Alternativamente, puedes ahorrar dinero para los gastos sanitarios, incluidos los cuidados a largo plazo, con una Cuenta de Ahorros Sanitarios, también conocida como HSA. Estas cuentas ofrecen aportaciones deducibles, crecimiento con impuestos diferidos y retiros libres de impuestos para gastos médicos cualificados. Si ya has cumplido los 50, puedes hacer aportaciones para ponerte al día y aprovechar al máximo su HSA.

- ***Seguro de vida***

Si quieres cobertura para los gastos del final de la vida o dejar algo a tu familia, debes incluir el seguro de vida en tus planes. Es esencial recordar que los costes del seguro de vida aumentan con la edad, por lo que es mejor contratar la cobertura cuanto antes. Así tendrás una idea exacta de sus primas.

- ***Deudas no liquidadas***

Lo ideal sería liquidar las deudas, pero en algunos casos puede que no sea posible o práctico. Por eso, si tienes deudas pendientes antes de jubilarte, debes incluirlas en el presupuesto.

- ***Cualquier otro gasto***

Por último, tendrás que tener en cuenta cualquier otro gasto en el que puedas incurrir.

Ahora que has pensado en estos gastos, es el momento de anotarlos en este cuadro. En este paso se expondrán los gastos estimados tras la jubilación, y podremos pasar a la cantidad que necesitarás ahorrar.

Gastos	**Coste estimado**
Vivienda	
Servicios	
Alimentación	
Ropa	
Entretenimiento	
Transporte	
Viajes	
Sanidad	
Seguro de vida	
Deudas pendientes	
Cuidados de larga duración	
Otros gastos	
Total	

La regla del 4%

Una vez que tengas el total estimado de gastos posteriores a la jubilación, puedes aplicar la regla del 4%. Como hemos visto en los pasos anteriores, una buena regla general es considerar la posibilidad de retirar el 4% del fondo de jubilación cada año, dejando un margen para la inflación. Si tienes un millón de dólares, dispondrás de $40 000 al año para cubrir tus gastos mensuales.

Por supuesto, tendrás que calcular fondos adicionales para ahorros y emergencias. Pero de momento, puedes calcular una cifra base con esta fórmula: el total de tus gastos dividido por 4 x 100.

Esta cifra te indicará cuánto necesitas para cubrir tus gastos básicos, pero en la siguiente fase tendremos que estudiar otros gastos que podrías tener en cuenta.

Fondo de emergencia

Ahora que ya sabes cuánto necesitarás para cubrir tus gastos básicos, puedes calcular el fondo de emergencia que debes prever.

- ***¿Por qué necesitas un fondo de emergencia?***

  Como su nombre indica, este fondo está disponible para aquellos gastos inesperados o emergencias financieras. Muchos economistas expertos animan a tener un fondo de emergencia en todo momento, pero es esencial cuando se está jubilado.

  El fondo está ahí para gastos que no has previsto, como facturas médicas, reparaciones del vehículo o mantenimiento de emergencia de la casa.

- ***¿Cuánto se necesita?***

  Lo ideal sería disponer de seis meses de tus gastos básicos como fondo de emergencia. Por lo tanto, utiliza la cifra que calculaste anteriormente y multiplícala por seis. Esta información debe considerarse como la base. Si puedes ahorrar más, te sentirás más cómodo.

Para determinar cuánto necesitas ahorrar mensualmente para alcanzar el fondo de emergencia, tendrás que calcular el coste a lo largo de distintos periodos.

Por ejemplo: si tu fondo de emergencia debe alcanzar los 10 000 dólares, puedes seguir estos planes de ahorro:

Periodo	**Ahorro mensual**
5 años	$166
3 años	$277
2 años	$416

Tendrás que considerar el plazo hasta la jubilación y cuánto puedes permitirte. Si te quedan diez años o más para jubilarte, podrías repartir el coste del ahorro para el fondo de jubilación durante un periodo más largo. Si estás a punto de jubilarte o ya lo has hecho, intenta un plazo más corto.

Sea cual sea el plazo que utilices, debes ahorrar con regularidad. Es mucho más fácil ahorrar 25 dólares a la semana durante varios años que intentar ahorrar miles de dólares de una sola vez. Elige una cantidad manejable y comprométete a ahorrar con regularidad, ya sea semanal, mensual o por nómina. Este paso te ayudará a que el ahorro se convierta en un hábito y, al cabo de un tiempo, puede que ni siquiera notes la cantidad que sale de tu cuenta.

También es buena idea automatizar el ahorro para su fondo de emergencia. Crear una cuenta de ahorro separada, de ser posible de fácil acceso. Esta cuenta reducirá al mínimo la tentación de echar mano de los ahorros del fondo de emergencia para la jubilación, y puedes realizar una transferencia automática desde tu cuenta corriente principal al fondo de ahorro con regularidad.

No te olvides de los impuestos

Aunque las personas mayores suelen beneficiarse de ventajas fiscales, deberás tener en cuenta si soportarás una carga fiscal en tus gastos de jubilación. Después de los 72 años, debes hacer distribuciones de las cuentas de jubilación con impuestos diferidos, o podrías incurrir en una penalización fiscal del 50%.

Tendrás que calcular la cuota tributaria si tienes varias cuentas de jubilación o si los ingresos por jubilación superan un determinado nivel.

Afortunadamente, algunas calculadoras precisas de jubilación y retiro pueden ayudarte a computar las obligaciones fiscales, sobre todo si tienes previsto trabajar después de jubilarte. Un buen ejemplo es esta calculadora de Robson Savage(1). Solo tienes que introducir el importe de tu fondo, los beneficios libres de impuestos y algunos otros datos básicos, y te dará una evaluación precisa de la cuantía de los impuestos a pagar cuando te jubiles.

También puedes crear tu propia hoja de cálculo de impuestos y jubilación para evaluar los gastos fiscales. En el sitio web Spreadsheetpoint.com(2) encontrarás instrucciones completas para crear una hoja de cálculo.

Ahorrar para gastos y emergencias en la jubilación

Ahora que ya tienes una cifra de lo que necesitarás para cubrir tus gastos y cualquier emergencia durante la jubilación, puede que te sientas abrumado. Como ya hemos comentado, es esencial tener una idea realista de la situación, y saber exactamente lo que necesitas te ayudará.

Afortunadamente, algunos otros factores pueden ayudarte a maximizar el fondo de jubilación si te preguntas cómo ahorrar la cantidad necesaria. Muchos jubilados dependerán de las prestaciones de la Seguridad Social para complementar su fondo de jubilación, pero algunas estrategias pueden ayudarte a maximizar las prestaciones. Entre ellas se incluyen:

- ***Trabajar durante 35 años***

  Puedes acceder a la Seguridad Social tras haber trabajado tan solo diez años, y puedes empezar a percibir prestaciones a partir de los 62 años. Sin embargo, con estos parámetros, solo podrás acceder al nivel básico de prestaciones.

  Recuerda que se puede aplazar el cobro de las prestaciones hasta los 70 años, lo que te permitirá añadir más años de trabajo a tu historial. La media de sus 35 años de trabajo con mayores ingresos se utilizará como base para la cuantía de sus prestaciones. Pero si tienes muchos años con ingresos nulos, se reducirán drásticamente sus prestaciones.

  Si puedes esperar a cumplir los 70 años en lugar de los 62 como mínimo para cobrar las prestaciones, supondrá un 8% más al año. Así que, para maximizar las prestaciones, deberías trabajar 35 años completos.

- ***Prestaciones conyugales***

  Si estás casado pero tus ingresos salariales son escasos, merece la pena investigar si tienes derecho a prestaciones conyugales. Esta opción te proporcionará hasta el 50% de la cuantía a la que tiene derecho tu cónyuge. Incluso en casos de divorcio, ambos excónyuges pueden solicitar prestaciones conyugales, que se calculan en función de los ingresos de la Seguridad Social del otro. Ten en cuenta que si alguno de los dos se ha vuelto a casar, el otro ya no tendrá derecho a las prestaciones.

- ***Prestaciones de supervivencia***

  Supongamos que tu cónyuge o excónyuge ha fallecido, pero tenía derecho a percibir una prestación de la Seguridad Social superior a la tuya. En ese caso, puedes tener derecho a percibir prestaciones de supervivencia. Es posible tener derecho a prestaciones más elevadas si el cónyuge falleció antes de solicitarlas.

- ***Prestaciones dependientes***

  Esta cuantía puede llegar al 50% de las prestaciones y no disminuye la cuantía que percibe, sino que se añade a la cuantía total que recibe la familia. Para tener derecho a las prestaciones por familiares a cargo, los jubilados deben tener a su cargo personas menores de 19 años en su hogar.

- ***Cuidado con los errores***

  Recibes anualmente una declaración de la Seguridad Social, pero no te limites a guardarla en un cajón. No debes dar por sentado que la información sea exacta, y tendrás que comunicar cualquier error o equivocación a la Administración de la Seguridad Social.

  Dado que la Administración de la Seguridad Social basa las prestaciones en una media de sus 35 años de trabajo con mayores ingresos, un error de cálculo en uno o dos años puede afectarte a largo plazo.

- ***Comprobación de los límites de ingresos***

  Si vas a seguir trabajando después de empezar a percibir las prestaciones de la Seguridad Social, tendrás que hacer un seguimiento de tus ingresos. Existen límites de ingresos; si los superas, se verá penalizado en sus prestaciones de la Seguridad Social. Si estás por debajo de la plena edad de jubilación, el límite para 2023 es de $21 240; para los que están por encima de la plena edad de jubilación, el límite aumenta a $56 520. Estos límites pueden cambiar año tras año, por lo que debes comprobarlos cada año una vez que empieces a percibir prestaciones.

  También debes controlar tus ingresos para asegurarte de que no te afecten los tramos impositivos. Si sigues trabajando y recibiendo prestaciones, podrías pasar al siguiente tramo impositivo, lo que anularía tus ingresos adicionales.

Planificación patrimonial

Por último, si quieres asegurarte de que tienes en marcha un plan para la jubilación, debes considerar la planificación del patrimonio. Básicamente, la planificación patrimonial consiste en organizar tus asuntos para ayudar a tus seres queridos en caso de fallecer o quedar incapacitado.

Este paso va más allá de la simple creación de un testamento, ya que implica contabilizar todos los activos, incluidos los fondos de jubilación no utilizados, y garantizar que se transfieran sin problemas a quien desees, ya sean personas u organizaciones benéficas.

Aunque la planificación patrimonial puede ser compleja, existe una lista de comprobación que te ayudará a resolver todos los aspectos.

- ***Crear un inventario***

  Tendrás que desglosar todas tus pertenencias, incluida tu casa. Si tienes objetos que quieres dejarle a una persona concreta, añade notas a tu inventario junto con fotos para evitar confusiones. No olvides enumerar los objetos sentimentales, que pueden no tener valor en metálico pero sí un gran significado para ti y tus seres queridos.

- ***Documentar los activos no físicos***

  Aquí es donde tendrás que empezar a revisar tus finanzas y crear una lista de todas las cuentas. Este paso debe incluir todas las cuentas bancarias y de corretaje, planes de ahorro y pólizas de seguro. Incluye los detalles de las cuentas y anota dónde se guardan los documentos físicos relacionados.

- ***Enumerar las deudas***

  Ten una lista separada de las deudas u obligaciones financieras, incluidas hipotecas, préstamos y tarjetas de crédito. Anota los datos de las cuentas y dónde se guarda la documentación.

- ***Hacer una lista de afiliaciones***

  Haz una lista si perteneces a organizaciones como la VA, la AARP o una asociación de acreditación profesional. Algunas de estas organizaciones ofrecen a sus miembros prestaciones automáticas de seguro de vida, que tus beneficiarios podrían cobrar.

- ***Copiar las listas***

Una vez que hayas completado las listas, fírmalas y ponles fecha. Una copia debe estar en poder de tu administrador de la herencia. Esta persona debe ser alguien responsable en quien pueda confiar y que administrará tu patrimonio después de tu fallecimiento. Debes entregarle una copia a tu beneficiario principal y guardar la última copia para ti en un lugar seguro.

- ***Autorizar la "Transferencia por fallecimiento"***

Dependiendo de dónde vivas, es posible que tu patrimonio tenga que pasar por un proceso testamentario antes de distribuir los activos. Sin embargo, puedes designar muchas cuentas con "transferencia en el momento del fallecimiento", lo que permite a los herederos recibir los activos sin el proceso testamentario.

- ***Redactar un testamento***

Una vez que tengas una lista de todas tus posesiones y finanzas, puedes documentar quién deseas que las reciba después de tu muerte. Puedes encargarle a un abogado que redacte un testamento en su lugar o utilizar un programa informático en línea para redactarlo por tu cuenta. El documento debe firmarse y fecharse ante dos testigos no emparentados, que también lo firmarán. Una vez legalizado ante notario, conserva este documento en un lugar seguro e infórmale a tus seres queridos dónde pueden encontrarlo.

- ***Consultar a un abogado especializado en sucesiones***

  Si tu situación financiera es compleja o el proceso te parece abrumador, deberías consultarle a un abogado especializado en sucesiones. También pueden ayudarte con un poder notarial, un testamento vital y la documentación del poder sanitario.

Estar preparado para lo peor puede ayudarte a planificar las emergencias, y puedes sentirte tranquilo por tener planes para los gastos necesarios y los costes inesperados. Ahora que tienes una idea clara de cuánto necesitarás ahorrar para los gastos de jubilación y emergencias, podemos pasar al siguiente paso del presupuesto.

CAPÍTULO 5

PRESUPUESTAR CORRECTAMENTE CADA PASO ANTES Y DESPUÉS DE LA JUBILACIÓN

"Un presupuesto es decirle a tu dinero adónde tiene que ir en lugar de preguntarte adónde ha ido".

-Dave Ramsey

Ha llegado el momento de reunir todo lo que hemos tratado en los pasos anteriores. Todos los pasos que hemos dado te ayudarán a elaborar un presupuesto adecuado y a gestionar tus ingresos. Este paso puede ser un proceso bastante desalentador; si te sientes así, no eres el único. De hecho, las encuestas de investigación muestran que al 57% de los adultos les aterra la idea de hacer un presupuesto, mientras que el 54% cree que es más fácil seguir dietas estrictas que un presupuesto mensual. Además, uno de cada cuatro encuestados preferiría enfrentarse a una maratón de 5 km en Acción de Gracias que recortar sus gastos.

La realidad de elaborar un presupuesto puede asustar, pero si se empiezas pronto, puede convertirse en un hábito y una rutina. Independientemente de tu edad, utilizar un presupuesto es vital para cubrir los gastos y recortar los que sean innecesarios para disfrutar de su jubilación. Por eso, en este paso aprenderás las herramientas que necesitas para elaborar un presupuesto eficaz.

Aspectos básicos del presupuesto de jubilación

Puede que te preguntes por qué tienes que preocuparte por un presupuesto de jubilación, y la respuesta sencilla es que necesitas tener una visión completa de tus finanzas. Si crees que tendrás el dinero suficiente para jubilarte sin confirmarlo, nunca podrás relajarte plenamente para disfrutar de tus años dorados.

Un presupuesto de jubilación puede crear un plan para gastos y ahorros, de modo que no solo puedas acumular fondos suficientes para tu jubilación, sino también gastar con tranquilidad después de jubilarte. Si ya has presupuestado unas vacaciones al año, podrás relajarte y disfrutar del descanso. Del mismo modo, si salir a cenar está incluido en tu presupuesto, podrás disfrutar de la vida social.

Por lo tanto, un presupuesto de jubilación no es solo una herramienta de planificación, sino que también puede proporcionarte tranquilidad.

Crear un presupuesto de jubilación

En esta fase, deberás tener en cuenta los gastos mensuales del paso cuatro, los planes de amortización y reducción de deudas del paso tres y las opciones de ahorro preferidas del paso dos. Esto te ayudará a entender cómo presupuestar tus objetivos.

En resumen, necesitarás:

- Los gastos previstos y los gastos sorpresa que te esperan durante la jubilación.
- Tus gastos actuales antes de la jubilación.
- Tus ingresos.
- Cualquier rendimiento de las inversiones en funcionamiento y corrientes.
- Los ahorros mensuales previstos.

Una vez que tengas todas estas cifras, puedes utilizar una calculadora de presupuesto para la jubilación, que te ayudará a determinar tus ingresos frente a tus gastos. Este tipo de calculadora te ayudará a ver cuánto necesitas ahorrar para el retiro.

Hay muchas calculadoras diferentes en Internet, pero la mayoría son fáciles de usar. Por ejemplo, esta calculadora de Investopedia(9) requiere que introduzcas tus ingresos y gastos, y te mostrará un gráfico circular con los fondos que te quedarán cada mes.

Planificar las distribuciones

Cuando alcances una edad determinada, retirarás dinero o realizarás distribuciones de tu 401K, IRA u otras cuentas. Planificar cómo, cuándo y de qué cuentas vas a realizar las distribuciones es vital a la hora de elaborar el presupuesto de jubilación.

Debes asegurarte de no retirar demasiado y dejar fondo corto, y evitar el riesgo de incurrir en obligaciones fiscales. Hay que equilibrar las distribuciones con la posibilidad de que el fondo siga creciendo.

Es importante tener en cuenta que las cuentas de requisitos tradicionales tienen distribuciones mínimas obligatorias o RMD. El IRS tiene requisitos sobre cuándo puede empezar a sacar dinero de tu cuenta de jubilación, dependiendo de cuándo hayas nacido. Es una buena idea hablar con un asesor profesional. No obstante, también puedes hacerte una idea de los requisitos de retirada utilizando las hojas de cálculo de RMD disponibles en el sitio web del IRS. Dado que cualquier distribución se gravará como un ingreso ordinario, las hojas de cálculo pueden ayudarte a comprender cualquier carga fiscal.

Por otro lado, si has estado utilizando una cuenta Roth, no necesitas tener en cuenta los RMD, ya que no existen requisitos de retirada, puesto que ya has pagado el impuesto sobre la renta por esos fondos. En teoría, podrías dejar crecer tu cuenta Roth y no tocarla nunca.

Planes presupuestarios para la jubilación: el presupuesto base cero

Un presupuesto basado en cero está diseñado para ayudarte a gastar todo tu dinero deliberadamente sobre el papel. Redondea los totales de los ingresos mensuales y deduce los gastos hasta que quede un saldo cero. Este plan puede ser útil para asegurarte de que cada dólar se utiliza exactamente como deseas.

Crear un presupuesto basado en cero es bastante sencillo. En primer lugar, debes enumerar los ingresos mensuales procedentes de tus cuentas de jubilación e identificar tus gastos mensuales o estacionales. A continuación, deduce los gastos de tus ingresos para lograr un presupuesto equilibrado con un total de cero.

Tendrás que hacer una lista de todos tus gastos y decidir cómo gastarás tu dinero cada mes. Con este tipo de presupuesto, puede ser útil dividir los gastos en esenciales, no esenciales y estacionales.

Entre los gastos esenciales se incluyen los comestibles, los servicios públicos, la reparación de la vivienda y el transporte. En resumen, los gastos esenciales son todo lo que se necesita para vivir. Por el contrario, los no esenciales son cosas que está bien tener, pero que no se necesitan. Por ejemplo, las aficiones, los regalos, los servicios de suscripción e incluso los viajes son no esenciales.

Los gastos estacionales pueden ser esenciales o no esenciales, pero son gastos que no necesitas cubrir cada mes. Esto puede incluir primas de seguros, impuestos sobre la propiedad, gastos para ocasiones especiales, como Navidad y cumpleaños, y matriculación de automóviles.

Puedes utilizar estas categorías como punto de partida, asignando una cantidad de dinero a cada partida mes a mes. A continuación, puedes gestionar tus gastos hasta llegar a un saldo cero. Por supuesto, como con cualquier presupuesto, debes controlar los gastos para asegurarte de que te mantienes dentro de la cantidad asignada.

Ejemplos:

- Lisa: tiene ingresos anuales después de impuestos de $55 600, y sus gastos esenciales ascienden a $40 941. Este cálculo le deja $14 659 para cubrir gastos no esenciales, hasta llegar a un saldo cero.
- Bob y Mary: con sus ingresos combinados después de impuestos de $122 000 dólares y unos gastos esenciales de

$37 922, Bob y Mary disponen de $84 000 para cubrir sus gastos no esenciales, inversiones y otros gastos.

- Laurie: tiene unos ingresos anuales después de impuestos de $30 600, y sus gastos esenciales suman $19 242, lo que le deja $11 383 para sus gastos no esenciales con cargo a sus ingresos después de impuestos.
- Helen: tiene unos ingresos anuales después de impuestos de 53 000 dólares, y sus gastos esenciales ascienden a 26 091 dólares anuales, lo que le deja 26 909 dólares de sus ingresos después de impuestos para cubrir sus gastos no esenciales y sus ahorros.

Planes presupuestarios para la jubilación: regla 50/30/20

Otro plan presupuestario que puede ser útil para los jubilados es la regla 50/30/20. Este tipo no es tan detallado como el presupuesto de saldo cero, por lo que puede resultar una opción más manejable.

Este plan funciona según el principio de dividir tus ingresos en un 50%, un 30% y un 20%. El 50% se asigna a las facturas que debe pagar. Esto significa que la mitad de sus ingresos después de impuestos estará disponible para cubrir las obligaciones y necesidades básicas. Este fondo debe incluir alimentos, seguros, servicios públicos y gastos sanitarios. Si tus gastos esenciales suman más del 50% de tus ingresos después de impuestos, tendrás que pensar en formas de recortar gastos.

El 30% de tus ingresos es para "deseos". Este fondo es para gastos que no son esenciales, pero son cosas que quieres para disfrutar de tu jubilación ideal. Este fondo podría incluir gastos como comer afuera, comprar un coche nuevo, viajar o cualquier otra cosa que sea un pequeño extra para hacer tu vida más agradable.

El 20% final de tus ingresos se destina a ahorros e inversiones. Esto podría incluir un fondo de emergencia, gastos imprevistos o costes sorpresa. Este último fondo sirve de colchón para que no gastes más de la cuenta y te enfrentes a dificultades financieras.

Si quieres ahorrar más y gastar menos, hay flexibilidad para las asignaciones del 20% y el 30%, pero esto depende de las preferencias personales.

Al igual que con los demás planes presupuestarios, tendrás que hacer un seguimiento de tus gastos para asegurarte de que cumples el plan de gastos 50/30/20. Puedes hacer un seguimiento de tus gastos en una hoja de cálculo informática, en un planificador presupuestario o incluso con papel si eres más de la vieja escuela. A principios de mes, toma tus ingresos y divídelos en 50%, 30% y 20%. A continuación, puedes sumar los gastos de estas tres categorías para mantener el rumbo. Recuerda que debes trabajar con tus ingresos después de impuestos. Tus ingresos brutos pueden diferir significativamente de tus ingresos netos, ya que los impuestos reducirán la cantidad que recibirás en tu cuenta bancaria.

Ejemplos:

- Lisa: con este plan presupuestario, las "necesidades" de Lisa superan con creces el 50%. De hecho, sus gastos necesarios de 40 941 dólares equivalen aproximadamente al 80% de sus ingresos después de impuestos. Este escenario significa que ella tendría que reducir sus gastos necesarios o aumentar sus ingresos para trabajar dentro de este modelo presupuestario.

- Bob y Mary: sus necesidades suman aproximadamente el 30% de su salario combinado después de impuestos, lo que significa que tienen una gran flexibilidad para utilizar este sistema de presupuestación.

- Laurie: con unas "necesidades" que suman aproximadamente el 65% de sus ingresos actuales después de impuestos, tendría dificultades para utilizar este modelo de presupuesto. Sin embargo, su nuevo negocio debería aumentar sus ingresos, lo que le permitiría reducir sus necesidades al 50% de sus ingresos.

- Helen: como las necesidades de Helen suman algo menos del 50% de sus ingresos después de impuestos, se adapta perfectamente a este modelo de presupuesto.

Identificar gastos y costes

Con cualquiera de los dos planes presupuestarios, tendrás que saber cómo evaluar tus gastos y costes. Aunque muchos de nosotros pensamos que todos nuestros gastos son esenciales, ¿realmente necesitas esa suscripción al gimnasio cuando puedes hacer ejercicio en casa? ¿Necesitas comer afuera cuando puedes cocinar en casa? ¿Necesitas esa nueva prenda de ropa, accesorios o par de zapatos? Que estos gastos sean esenciales o no dependerá de la perspectiva personal. Por supuesto, algunos gastos son fáciles de clasificar como "pequeños extras", pero otros pueden ser más complicados.

Por ejemplo, todos necesitamos ropa, pero dentro de esta categoría, algunos artículos son necesidades mientras que otros son deseos. Es importante que evalúes cuidadosamente tus gastos y los clasifiques como "esenciales" y "necesidades" o "no esenciales" y "deseos".

Una vez determinado esto, te resultará más fácil planificar y gestionar un presupuesto. Tendrás una idea clara de dónde asignar cada uno de tus gastos para mantener el rumbo.

Herramientas para ayudarte a presupuestar y controlar tu jubilación

Aunque este tema puede resultar desalentador, existen algunas herramientas que pueden ayudarte. Entre ellas:

- ***Transferencias automatizadas***

  La automatización puede simplificar el proceso de presupuestación y ahorro. Estableciendo pagos automáticos mensuales desde tu cuenta corriente a tu cuenta de ahorro e inversión y a los proveedores de servicios, te asegurarás de pagar todos los gastos esenciales y de ahorrar dinero sin pensarlo. Así tendrás el dinero restante en tu cuenta para gastos no esenciales y deseos.

  Los pagos automatizados también facilitarán la revisión del presupuesto, ya quc podrás repasar los extractos bancarios cada mes.

- ***Casa de la Moneda***

  Mint(1) es una de las aplicaciones de finanzas personales más utilizadas que ofrece una gestión más sencilla del dinero. La aplicación es creación del mismo equipo que lanzó TurboTax al mercado. Mint te permite conectar tus cuentas financieras para obtener una imagen clara de tu salud financiera general.

La aplicación estándar de Mint es gratuita y tiene muchas funciones útiles. Pero puedes actualizar a Mint Premium si quieres tener acceso a gráficos de gastos avanzados y sin anuncios durante el uso. Sin embargo, en cualquiera de los dos niveles puedes disfrutar de monitorización de crédito gratuita para que puedas realizar un seguimiento de cualquier cambio.

Aquellos que estén pensando en retirarse y planificar su jubilación probablemente apreciarán que Mint admita una variedad de cuentas financieras, entre ellas cuentas bancarias, tarjetas de crédito, cuentas de inversión, préstamos e hipotecas. También puedes utilizar Mint para controlar tus gastos y el progreso hacia tus objetivos financieros. Puedes ver las transacciones recientes, las próximas facturas y tu saldo actual. Y lo que es más interesante, incluso puedes configurar alertas para evitar gastar más de la cuenta u omitir pagos.

Lo mejor de todo es que Mint utiliza VeriSign y autenticación multifactor, por lo que puedes estar tranquilo de que Mint protege tu cuenta y tus datos personales.

- ***Calculadoras presupuestarias 50/30/20***

Si crees que el plan presupuestario 50/30/20 es interesante, pero no tienes confianza en tus matemáticas, una calculadora presupuestaria 50/30/20 te resultará útil. Un buen ejemplo es la calculadora que ofrece NerdWallet(2). Todo lo que tienes que hacer es introducir tus ingresos mensuales después de impuestos y la calculadora te mostrará automáticamente las cifras del 50%, 30% y 20%.

Esta configuración significa que solo tienes que centrarte en los gastos específicos y asegurarte de que se mantienen dentro de los porcentajes adecuados.

- ***Calculadoras presupuestarias de base cero***

Si prefieres trabajar con un plan presupuestario basado en cero, existen herramientas online que pueden ayudarte. Aunque crear un plan presupuestario utilizando tu programa de hojas de cálculo preferido o llevar un registro en papel de tu presupuesto es sencillo, existen algunas calculadoras online estupendas.

La calculadora de base cero de DollarSprout(3) te guiará en la creación de tu presupuesto. Para empezar, tendrás que introducir tus ingresos mensuales después de impuestos. A continuación, la calculadora te pedirá que introduzcas las cifras correspondientes a tus gastos y luego te presentará un presupuesto base al que podrás añadirle gastos suplementarios como comida, gasolina, ocio y gastos varios. Al final de la pantalla, verás el desglose del presupuesto, incluida la cantidad que te queda para ahorros e inversiones.

- ***Estimador de perspectivas de jubilación***

Se trata de una sencilla herramienta en línea, que también está disponible como aplicación gratuita para iOS o Android. Puedes añadirle un buen contexto a tu planificación de la jubilación, haciendo un seguimiento de tus finanzas y advirtiéndote si hay posibles malas decisiones.

Para utilizar la calculadora, debes introducir tu edad actual y la edad de jubilación. También facilitar otros datos, como salario anual, ahorros actuales para la jubilación, porcentaje de cotización, estilo de inversión y seguridad social mensual.

Después de hacer clic en enviar, obtendrás un pronóstico con una opción de:

- Soleado: se estima un cumplimiento del 95% o más del objetivo.
- Parcialmente soleado: probabilidad de cumplir entre el 80% y el 94% del objetivo.
- Nublado: probabilidad de cumplir entre el 65% y el 79% del objetivo.
- Lluvioso: probabilidad de cumplir menos del 65% del objetivo.

Este diseño es una forma divertida de obtener una buena instantánea de si vas por buen camino con tus objetivos de planificación de la jubilación. Con la aplicación, también verás sugerencias sobre cómo podrían cambiar tus perspectivas si modificaras las cantidades invertidas durante el año.

Este diseño hace que sea más fácil jugar con los números para ver qué impacto tendrá en tus objetivos.

Consejos para un presupuesto eficaz

Si aún tienes dudas sobre la aplicación de las técnicas y herramientas presupuestarias que hemos tratado en este paso, hay algunos consejos que pueden resultarte útiles.

- ***Sé realista***

Independientemente del modelo de presupuesto que elijas, tienes que ser realista en cuanto a tus ingresos, gastos y desembolsos. No tiene sentido crear un presupuesto de saldo cero con categorías de gasto si un mes normal vas a entrar en números rojos, o intentar exprimir los gastos en un presupuesto 50/30/20 si no es realista. Como hemos mencionado antes, en nuestro caso práctico Lisa no podía utilizar el modelo 50/30/20 a menos que hiciera cambios radicales en sus finanzas.

- ***Recuerda que necesitas vivir***

Aunque ahorrar para la jubilación y saldar las deudas es importante, también hay que vivir. Aunque sería admirable centrarse solo en los gastos esenciales y recortar todos los gastos no esenciales, esto no es sostenible a largo plazo. Si lo intentas, es probable que pierdas la motivación y existe el riesgo de que tu presupuesto se descontrole. Así que, aunque recortar gastos puede ser una opción factible, recuerda que ahora debes tener una buena calidad de vida.

- ***Controla tus gastos***

Puede parecer un poco tedioso, pero es muy fácil perder la cuenta de lo que se gasta. Así que no pierdas de vista lo que gastas. Conserva los recibos de todas las compras y facturas hasta que hayas anotado en papel o en una hoja de cálculo lo que has gastado y en qué categorías. No confíes en los cargos de la tarjeta de débito que aparecen en el extracto bancario, ya que puedes haber olvidado a qué corresponde cada cargo cuando lo consultes.

- ***Ten el presupuesto a mano***

  Está muy bien elaborar un presupuesto. Pero si lo guardas en un cajón o en una carpeta oculta del ordenador y no vuelves a consultarlo, no estás elaborando un presupuesto correctamente. Un buen presupuesto debe controlarse y revisarse periódicamente. En un mundo ideal, deberías revisar tu presupuesto una vez al mes o más para comprobar que tus gastos son los previstos.

- ***Establecer objetivos realistas***

  La motivación puede ser un factor importante a la hora de realizar cambios financieros, por lo que es una buena idea establecer objetivos realistas para elaborar un presupuesto. En los pasos anteriores, habrás estudiado cuánto necesitas para tu jubilación, pero no podrás ahorrarlo de la noche a la mañana. Es mucho mejor progresar continuamente que dar pasos espectaculares para luego retroceder.

La elaboración de un presupuesto es crucial para planificar con éxito la jubilación, por lo que aprender a presupuestar correctamente es vital.

Ahora que has aprendido a presupuestar tus finanzas presentes y futuras, podemos pasar a los siguientes pasos para ayudarte a mejorar la situación económica para la jubilación y tu calidad de vida en general a medida que te acercas a los años dorados.

Me gustaría pedirle su ayuda para compartir esta valiosa información con los demás.
Sólo le llevará unos minutos.

Dejando comentarios sobre este libro en Amazon, puede ayudar a nuevos lectores a entender cómo pueden planificar su jubilación aunque no dispongan de un presupuesto considerable o estén muy cerca de la edad de jubilación sin una planificación adecuada.

Hay muchas personas, como usted y como yo, que necesitan esta información para orientarse y facilitar su jubilación.

CAPÍTULO 6

ERRORES DEL PLAN DE JUBILACIÓN QUE HAY QUE EVITAR PARA LA SEGURIDAD Y EL BIENESTAR

"Si ordenamos nuestra riqueza, seremos ricos y libres. Si nuestra riqueza nos manda, somos pobres de verdad".

-Edmund Burke

Ahora que ya has ajustado el presupuesto, es esencial que te asegures de disponer de un colchón presupuestario para hacer frente a cualquier contratiempo.

Para comprobar si estás adecuadamente preparado para la jubilación, es importante revisar periódicamente tu situación financiera. Este paso te permite confirmar que mantienes el rumbo de los ahorros para la jubilación. Si ves que te estás quedando un poco atrás, puedes hacer las correcciones necesarias.

Primer error: no prepararse adecuadamente para la jubilación

Ya has dado los primeros pasos para evitar este error. Pero es importante reiterar que necesitas estar debidamente preparado para disfrutar de una jubilación cómoda y sin estrés.

La jubilación es como cualquier viaje, y al igual que si estuvieras planeando unas vacaciones, debes asegurarte de hacer las maletas adecuadamente y de tener suficiente presupuesto para cubrir cualquier contratiempo.

Es importante revisar periódicamente tu situación financiera para comprobar que estás debidamente preparado para jubilarte. Esto te permitirá comprobar que vas por buen camino con los ahorros y, si te estás retrasando un poco, podrás corregir el rumbo.

Segundo error: subestimar la longevidad

Ya hemos incluido la estimación de la longevidad en los cálculos de tu jubilación. Aun así, siempre es mejor pecar de precavido. Si hoy tienes 55 años, lo más probable es que vivas una media de 80 años. Sin embargo, también existe una pequeña posibilidad de que vivas hasta finales de los noventa o más.

Aunque tus parientes sobrevivan hasta los ochenta años, es posible que tú vivas más. Por lo tanto, hay que presupuestar en consecuencia. Hay calculadoras de esperanza de vida en Internet, pero suelen utilizar promedios nacionales como base. Un buen ejemplo es la calculadora que ofrece la Oficina de Estadísticas Nacionales del Reino Unido(1) Esta calculadora es muy fácil de usar, ya que solo tienes que introducir tu edad actual y tu sexo. A continuación, verás un gráfico que muestra tu esperanza de vida potencial, incluidas las probabilidades de que vivas hasta los 99 o 100 años.

Estas calculadoras no suelen incluir factores como los antecedentes familiares o el estilo de vida. Por lo tanto, tendrás que usar tu propio criterio. Si gozas de buena salud y tienes previsto jubilarte a los 65 años, deberías planificar hasta 35 años de jubilación.

También es importante recordar que si tienes previsto jubilarte anticipadamente, debes ajustar en consecuencia los cálculos de longevidad.

Tercer error: subestimar los aumentos del coste de la vida

En los últimos años, todos hemos visto el impacto de la inflación en el coste de nuestros gastos cotidianos. La inflación afecta a los precios de los alimentos, la gasolina y prácticamente todos los demás gastos esenciales y no esenciales.

Lamentablemente, la inflación y el coste de la vida no se congelarán en cuanto alcances la edad de jubilación. Por lo tanto, debes tener en cuenta la inflación a la hora de calcular los gastos posteriores a tu retiro.

Las tasas de inflación y deflación son el resultado de la política fiscal vigente. Esto significa que, mientras que en algunos años la inflación será más alta, en otros será más baja. Pero en general, cabe esperar una tasa media anual del 2%.

Sin embargo, existen fórmulas y calculadoras de la tasa de inflación que pueden proporcionar una estimación del impacto. RocketMortgage(2) pone a tu disposición un buen ejemplo que puede ofrecerte una ilustración bastante precisa para ayudarte a hacer tus planes de jubilación.

Cuarto error: pagar impuestos excesivos

Para muchas personas, los impuestos desempeñan un papel importante en las necesidades de ingresos y en el plan general de jubilación. Puede que creas que has abordado todos los aspectos adecuadamente. Sin embargo, es importante reconocer que apenas estamos empezando a explorar las complejidades del viaje de planificación de la jubilación.

En realidad, hay una serie de trampas del plan de jubilación que debes conocer para evitar comprometer tu seguridad y bienestar. De hecho, según una encuesta de MetLife, las personas mayores pierden casi 3 000 millones de dólares al año debido a abusos financieros. Por ello, en este paso, examinaremos las posibles estafas, errores y trampas de la jubilación que puedes encontrar y cómo evitarlos.

Quinto error: caer en las estafas de la jubilación

Nadie quiere ser víctima de los estafadores, pero puede ser especialmente devastador para los jubilados. Como ya se ha mencionado, los jubilados pierden miles de millones de dólares al año debido a estafas y abusos financieros. Los adultos mayores pueden ser especialmente vulnerables a las estafas, ya que a menudo buscan maximizar sus ahorros y cuentas de jubilación.

Hay tres formas de evitar estos engaños: rechazar contactos de inversión no solicitados, obtener asesoramiento imparcial antes de realizar una inversión y verificar que la empresa o persona con la que está tratando está autorizada y registrada. Sin embargo, algunas estafas son un poco más complejas, por lo que a continuación mencionaré lo que se puede hacer para evitar diversas tácticas de estafa.

- ***Estafas benéficas***

  Tanto si hay una catástrofe natural como un acontecimiento en la comunidad local, es posible que quieras ayudar. Por desgracia, los estafadores entienden esta motivación para intentar aprovecharse. La táctica habitual en este ámbito es que los delincuentes llamen y pidan donativos a organizaciones sin ánimo de lucro que desean ayudar.

  A menudo, los estafadores solicitan los datos de la tarjeta de crédito o cuenta bancaria con el pretexto de que necesitan acceder a sus fondos. Sin embargo, su verdadera intención es utilizar esta información para realizar cargos no autorizados y desviar el dinero.

  Para evitar este tipo de estafas, no aceptes hacer donaciones a organizaciones benéficas cuando te lo pidan por primera vez, sobre todo por teléfono. Si deseas apoyar a la organización benéfica, investiga qué organizaciones legítimas están implicadas y busca un número de contacto al que llamar para hacer una donación tú mismo.

- ***Estafas inmobiliarias***

  Este tipo es una de las estafas más despreciables, dirigida a personas mayores, ya que se aprovecha de los deudos. Los ladrones pueden ponerse en contacto con la persona tras el fallecimiento de un ser querido y la publicación de una esquela. Normalmente insistirán en que su ser querido fallecido dejó una deuda que hay que saldar.

En algunos casos, el estafador puede asistir a los servicios funerarios para saber más sobre la familia antes de pedir el dinero para cubrir "deudas pendientes".

Otro tipo de estafa es que alguien se haga pasar por empleado de la funeraria y llame para insistir en que hay cargos adicionales que no se han pagado.

En cualquiera de estos casos, hay que negarse inmediatamente a enviar dinero. Debes pedir documentación escrita de la factura o deuda, que se pueda verificar.

- ***Estafas falsas del gobierno***

Los impostores del gobierno suelen llamar a la gente haciéndose pasar por empleados de la Administración de la Seguridad Social o de Hacienda. Exigen el pago inmediato de "impuestos adeudados" o pueden pedir información personal para que continúen las prestaciones de la Seguridad Social o Medicare.

Suele haber algún tipo de plazo o presión temporal, a menudo con la amenaza de una multa o una suspensión de las prestaciones. Esta estafa suele hacer que las personas mayores sientan pánico y realicen un pago inmediato o faciliten sus datos bancarios.

Puedes evitar tener problemas con estos estafadores recordando que la SSA o el IRS nunca iniciarán ningún contacto a través de una llamada telefónica. Si recibes una llamada, es probable que se trate de un estafador. Si hay un problema con los impuestos o prestaciones, una agencia gubernamental se pondrá en contacto mediante una carta oficial para que puedas entender la situación y lo que tienes que hacer para resolver el problema.

- ***Estafas de Medicare***

Esta es similar a la estafa anterior, pero suele tratarse de alguien que se hace pasar por un representante de Medicare ofreciendo algún tipo de cobertura adicional, que puede ahorrarte dinero. Es probable que el estafador te pida datos personales e información financiera. En algunos casos, incluso puede haber obtenido ciertos datos básicos de tus perfiles en Internet o de otras fuentes.

Si recibes un mensaje de texto, una llamada o un correo electrónico relacionados con Medicare, no debes responder. Si tienes alguna duda sobre tu cobertura, ponte en contacto directamente con Medicare. Ellos también pueden confirmar la legitimidad de cualquier oferta que te hayan hecho en correspondencia anterior.

- ***Estafas a los abuelos***

Aunque uno pensaría que nunca podría caer en este tipo de engaño, los estafadores de abuelos son extremadamente convincentes. Suelen llamar alegando algún tipo de emergencia. Suelen sonar asustados y afirman que tienen un problema para el que necesitan ayuda financiera. Puede tratarse de un accidente de coche, un asunto legal o algo de lo que no quieren que se entere nadie.

Estos estafadores son expertos en recopilar información, rastreando las redes sociales, los obituarios y otras fuentes para obtener los detalles necesarios para que la llamada parezca legítima.

Puedes evitar caer en este tipo de estafas estableciendo palabras clave que tus nietos puedan utilizar en caso de emergencia real.

- ***Estafas en Internet***

Cuando compartes información sobre ti en las redes sociales, puedes convertirte en objetivo de los estafadores. Los estafadores suelen averiguar datos personales a través de los perfiles en Internet y utilizan esta información para crear escenarios que pueden animarte a compartir más detalles o a proporcionar dinero.

Por ejemplo, es posible que hayas mostrado apoyo a las fuerzas armadas en tu perfil de Facebook o que hayas publicado que eres un veterano. Entonces, un estafador puede llamarte haciéndose pasar por un militar que necesita dinero para volver a Afganistán a visitar a sus hijos.

Si recibes un mensaje en el que se te pide que facilites datos sobre tu identidad personal, se te solicita un pago o se te pide que hagas clic en un enlace, debes borrarlo inmediatamente.

- ***Estafas de inversión***

En este tipo de estafas, una persona puede ponerse en contacto contigo afirmando ser un inversor inmobiliario, gestor de patrimonios o asesor financiero, y prometiéndote una interesante oportunidad de obtener grandes beneficios. "Para participar en esta inversión, tendrá que enviar los fondos ahora que todavía hay tiempo", pueden decirte.

Si envías dinero, no verás nada ni recibirás ningún detalle de la inversión. Por lo tanto, antes de enviar fondos a una nueva inversión, consulta con un inversor profesional acreditado y evita tomar decisiones precipitadas.

- ***Estafas con hipotecas inversas***

  Si eres propietario de una vivienda, es posible que alguien se ponga en contacto alegando que puede ayudarte a acceder a parte del capital de tu propiedad a través de una hipoteca inversa. Aunque existen hipotecas inversas, solo las ofrecen empresas legítimas con las credenciales adecuadas. Los estafadores suelen ofrecer tasar la vivienda, lo que les supondrá una comisión, pero proporcionan una tasación no válida antes de pedirte que firmes documentos de préstamo de mala calidad.

  Si alguien se pone en contacto para pedirte que compartas detalles sobre tu vivienda o que realices pagos para solicitar una hipoteca inversa, no respondas. Si estás interesado en refinanciar tu vivienda, debes analizar tus opciones con un prestamista o asesor financiero de confianza.

Consejos para evitar una estafa

Aunque hemos tratado algunas de las estafas más comunes dirigidas a las personas mayores y a quienes se encuentran en el camino de la jubilación, existen algunos consejos generales que te ayudarán a evitar cualquier timo.

- ***Haz preguntas y comprueba las respuestas***

  Los estafadores confían en sus objetivos y no se molestan en investigar la situación antes de pedir el dinero. Pero, incluso si los cuestionas, los estafadores no están incentivados para proporcionarte referencias, más información o cualquier cosa que confirme el trato.

Por lo tanto, tómate tu tiempo para realizar tu propia investigación independiente. Asegúrate de que conoces la historia de la empresa, los detalles de la inversión y los riesgos que conlleva. Ten en cuenta que si una oportunidad parece demasiado buena para ser cierta, probablemente lo sea.

- ***Conoce a su vendedor***

Dedica algún tiempo a investigar a la persona que te ofrece una inversión antes de transferir dinero, aunque ya la conozcas socialmente. Debes averiguar si el vendedor está autorizado y si tiene un buen historial con los reguladores y otros inversores. El regulador de valores de su estado(16) puede permitirte comprobar los antecedentes disciplinarios de los asesores y corredores de su zona.

- ***No presumas de integridad***

Los buenos estafadores pueden parecer increíblemente profesionales y tienen el don de la labia. A menudo pueden hacer que tratos endebles parezcan una inversión sólida. Cuando esto se combina con una conducta amistosa y modales educados, puede ser muy fácil suponer que son íntegros.

También debes estar alerta ante los vendedores que se aprovechan de las preocupaciones o temores. Detrás de una fachada de amabilidad y confianza, si el vendedor empieza a hablar de cómo entiende la preocupación por los costosos gastos médicos o el aumento del coste de la vida y de cómo solo su inversión puede ayudarte, debes estar alerta.

- ***No te precipites***

Una de las tácticas habituales de los estafadores es ponerte contra las cuerdas. "Tiene que actuar ya; de lo contrario, cometerá un error que le costará caro". No te apresures a tomar decisiones precipitadas, sobre todo si el promotor te hace recomendaciones basándose en información "confidencial".

- ***Desconfía de las ofertas no solicitadas***

Cuando recibas una llamada telefónica, un mensaje de texto o un correo electrónico no solicitados sobre una empresa o una inversión, pero no puedas encontrar ninguna información financiera actualizada de fuentes independientes, debes desconfiar mucho.

Los estafadores suelen utilizar estos métodos para intentar tentarte con una inversión o solicitar fondos para una estafa. También debes tener mucho cuidado si te piden que transfieras fondos al extranjero. Las transferencias al extranjero son difíciles de rastrear y localizar si algo sale mal.

- ***No temas hacer preguntas o quejarte***

Si la persona con la que estás invirtiendo no está dispuesta a responder a tus preguntas o a abordar tus preocupaciones, deberías marcharte. Si tienes sospechas de prácticas dudosas o fraude, recuerda que puedes presentar una queja ante los reguladores estatales, la FINRA o la SEC.

Sexto error: pedir préstamos con cargo a cuentas de ahorro y de jubilación

Si tienes una necesidad financiera inmediata, pedir un préstamo con cargo a tus ahorros o a tu cuenta de jubilación puede ser tentador, pero suele ser una mala idea. Aunque el proceso de solicitud de un préstamo suele ser más sencillo, con un mínimo de papeleo, existe una gran probabilidad de que la devolución cueste más que las aportaciones originales, y podrías perder dinero. Un préstamo también podría desbaratar tus previsiones de inversión.

Si tienes una emergencia financiera y un préstamo del plan de jubilación es tu única opción, debes analizar la situación con un planificador financiero antes de proceder. También tendrás que evaluar a fondo las opciones de reembolso para comprobar si hay mejores posibilidades.

Séptimo error: reaccionar exageradamente ante la volatilidad del mercado

Si eres relativamente nuevo en el mundo de la inversión, los altibajos del mercado bursátil pueden resultar desalentadores. Sin embargo, la volatilidad del mercado forma parte de la inversión. Por lo tanto, debes evitar el peligro de reaccionar de forma exagerada ante esta volatilidad.

Es comprensible que te sientas angustiado cuando el mercado empieza a volverse volátil. Pero debes estar preparado para reaccionar en función de tus objetivos de jubilación. Debes identificar cuándo necesitas tus fondos de inversión, cuánto necesitas y la importancia de disponer de ese dinero. Recuerda que si tu fecha de jubilación está aún a diez años, tienes tiempo para capear incluso las grandes oscilaciones del mercado.

También puedes evitar reaccionar de forma exagerada adoptando un enfoque proactivo en lugar de reactivo. Contribuye a tu cartera de jubilación con regularidad, lo que significa que inviertas cuando los mercados están bajos y van bien.

Si te sientes inseguro, tómate tu tiempo para evitar tomar decisiones precipitadas. Lo mejor es tomarse un periodo de espera para reconsiderar las decisiones de inversión, realizar investigaciones adicionales o hablar con un asesor.

Es importante mantener el rumbo para evitar tomar malas decisiones financieras. Si te preocupa, considera la posibilidad de reducir tus reintegros. Vender inversiones durante un periodo volátil puede afectar negativamente a tu cartera de inversiones.

Cualquiera puede cometer errores, pero si conoces los escollos más comunes, podrás actuar con más cuidado y minimizar los posibles problemas. Aunque estos escollos del plan de jubilación pueden asustar, en nuestro siguiente paso, empezaremos a explorar cómo crear un suelo de ingresos, que puede proporcionarte más confianza. Crear unos pequeños ingresos estables durante la jubilación puede ayudarte a asegurar una jubilación feliz que te proporcione el dinero que necesitas para facilitar el plan ideal para tus años dorados.

CAPÍTULO 7

CREAR INGRESOS ESTABLES PARA COMPLEMENTAR LOS AÑOS DE JUBILACIÓN

"Quien busca descanso encuentra aburrimiento. Quien busca trabajo encuentra descanso".

-Dylan Thomas

Aunque la planificación financiera es esencial y admirable, ser capaz de generar ingresos tras la jubilación puede proporcionarte cierta tranquilidad financiera. Hoy en día, es bastante habitual que los jubilados vuelvan a trabajar. De hecho, una encuesta reciente de PayChex reveló que uno de cada seis jubilados en EE.UU. está considerando la posibilidad de volver a trabajar. Ya sea por necesidad de más dinero, aburrimiento, soledad o motivos personales, es posible complementar los años de jubilación con unos ingresos estables.

Invertir en espíritu empresarial

Supongamos que te gusta la idea de mantener un horario durante los años dorados. En ese caso, plantéate crear un negocio secundario o desarrollar un flujo de ingresos al invertir dinero en una nueva empresa.

Aunque cualquier nueva empresa requiere esfuerzo, numerosas ideas no requieren años de experiencia ni un conjunto de habilidades especializadas. Algunos posibles proyectos son:

Organización experta

Si te gusta organizar tu casa, podrías convertir este interés en tu nueva empresa. Los organizadores profesionales pueden ayudar a la gente a minimizar y desordenar su vida. Marie Kondo es la más conocida de estas empresarias, que ayuda a sus clientes a reducir sus pertenencias, quedándose solo con los objetos que "despiertan alegría".

Si eres muy organizado, podrías ayudar a entrenar a la gente para que se deshaga del desorden y disfrute de un estilo de vida minimalista. Los clientes te pagarán por ayudarlos con métodos para organizar y mantener su espacio. Incluso puedes utilizar estos proyectos para tu cartera, pidiéndoles a los clientes que te dejen hacer fotos del antes y el después.

Food Trucks

Si te gusta cocinar y la comida, puedes ser propietario de un camión de comida. Hay *food trucks* de todos los tamaños y formas que ofrecen una gran variedad de cocinas y aperitivos. Puedes llevar tu comida favorita y compartirla con clientes hambrientos.

Aunque poner en marcha un camión de comida conlleva algunos costes, como la compra del camión y su modificación para cumplir la normativa local y las certificaciones alimentarias pertinentes, los gastos generales son considerablemente menores que los de abrir una cafetería o un restaurante. También puedes disfrutar de la movilidad, lo que te permite servir comida en eventos, festivales y mucho más.

Dropshipping

Para quienes se plantean un negocio más tradicional, pero carecen de espacio para almacenar la mercancía, piensen en el envío directo. Este servicio es una estrategia habitual para los sitios web de comercio electrónico que cuentan con un tercero que se encarga de satisfacer sus pedidos. Este servicio suele ser un minorista o mayorista que gestiona un almacén y un servicio de envío, lo que elimina la necesidad de mantener inventario.

El *dropshipping* puede ser una buena opción si no dispones de espacio físico y deseas mantener bajos los gastos generales.

Podcasts

Hoy en día, los podcasts son increíblemente populares y proporcionan entretenimiento a quienes quieren escuchar algo en su trayecto al trabajo mientras realizan tareas domésticas o simplemente se relajan. De hecho, solo en Estados Unidos hay más de 100 millones de oyentes activos de podcasts.

Lo bueno de crear un podcast como nueva empresa es que puedes empezar uno sobre prácticamente cualquier tema. Si te interesa la cultura pop, los libros, la historia o los negocios, es probable que haya un público.

Para empezar, necesitarás dedicación y constancia, además de unos conocimientos básicos de edición de audio y/o video si quieres apoyar tu podcast con un canal de YouTube.

Una vez que tengas un número decente de seguidores, puedes encontrar anunciantes o asociaciones para generar ingresos. Si expandes tu marca, puedes dar charlas en eventos o convertirte en moderador de paneles en tu área de interés.

Catering

Si te gusta cocinar y ser anfitrión, puedes montar un negocio de *catering* y organización de eventos. Independientemente de la época del año, los cumpleaños, las bodas, las recaudaciones de fondos, las reuniones y otros eventos especiales necesitan comida deliciosa.

Para empezar, tendrás que obtener las licencias y permisos correspondientes a tu zona. A continuación, puedes preparar una lista de precios y menús de muestra. Una vez que hayas atendido unos cuantos eventos, es probable que el boca a boca haga que tu agenda se llene rápidamente.

Airbnb

Airbnb ha sido una bendición para quienes les gustaba la idea de tener un acogedor *bed and breakfast* pero carecían de capital inicial. Airbnb permite alquilar habitaciones en tus propiedades, de modo que puedes crear alojamientos cálidos y acogedores para que se hospeden los visitantes. Este servicio es especialmente apropiado si vives en un destino vacacional popular o en un lugar de interés cultural.

La plataforma es fácil de usar y puedes crear tus propios anuncios con magníficas fotografías que atraerán a los visitantes. También puedes especificar cuándo está disponible el alojamiento y qué servicios puedes ofrecer.

Guía turístico

Si te interesan la historia y los lugares de interés de su localidad, convertirse en guía turístico puede ser una forma estupenda de crear una fuente de ingresos y mantenerse activo una vez jubilado. Como guía turístico local, puedes compartir los sonidos, las vistas y los sabores de los lugares con los visitantes. Incluso puedes especializarte en experiencias artísticas, históricas, culinarias o de otro tipo.

Para empezar, deberías hacer un curso de certificación acreditado que te ayude a comercializar tus habilidades. A continuación, puedes anunciar tus servicios de guía turístico en numerosas plataformas digitales para conectar con los clientes.

Crear cursos en línea

Si quieres utilizar las habilidades y conocimientos de tu experiencia laboral anterior, pero no te apetece especialmente trabajar con clientes, puedes compartir tus conocimientos creando y vendiendo cursos en línea.

Existe un mercado masivo para el aprendizaje en línea, y hay un público objetivo para casi todos los tipos de cursos. Puedes fijar tu propio precio e incluso conseguir afiliados que te ayuden a comercializar y vender tu curso.

Puedes utilizar una plataforma de terceros para vender tu curso o crear un sitio web para promocionar tus productos.

Consultoría especializada para adultos mayores

Con el envejecimiento de nuestra población, hay un gran mercado de consultores especializados que pueden ayudar a las personas mayores a rediseñar sus hogares para que sean seguros y funcionales para la vida independiente. También puedes centrarte en el *coaching* vital u otros aspectos de la vida independiente.

Dependiendo de tu área de especialización, tendrás que buscar las certificaciones adecuadas. También es posible que tengas que seguir algún tipo de formación. Sin embargo, una vez cumplidos los requisitos obligatorios, puedes comercializar tus conocimientos y fijar tu propio horario para tener un horario flexible que se adapte a tu estilo de vida durante la jubilación.

Servicios de reparto de comida para mayores

Puede que seas una persona mayor activa, pero a otros les cuesta preparar la comida y cocinar. Es la oportunidad para crear una empresa lucrativa. Además de ofrecer servicios de reparto de comida a las personas mayores de tu zona, podrías ayudarlos con las compras, los recados y otras tareas cotidianas.

Trabajo a tiempo parcial

Aunque quizá te apetezca renunciar a un trabajo a tiempo completo cuando te jubiles, un empleo a tiempo parcial puede ser una buena forma de obtener ingresos extra y seguir relacionándote con la gente. Por supuesto, los horarios a tiempo parcial también pueden ser flexibles y, dependiendo del puesto, puedes trabajar unas horas al día o uno o dos días a la semana.

Hay oportunidades de empleo presencial a tiempo parcial para puestos cualificados y no cualificados. Veamos primero los puestos con requisitos de cualificación:

Tutor o entrenador

Puedes utilizar tu campo de especialización para dar clases particulares o formación a otras personas. Por ejemplo, si eres profesor, puedes dar clases particulares de asignaturas concretas. Este trabajo puede ser una forma muy gratificante de utilizar tus dotes pedagógicas, ya que trabajarás personalmente con los alumnos.

Entrenador personal

Si el *fitness* es una parte fundamental de tu rutina y tus hábitos, podrías conseguir un trabajo a tiempo parcial como entrenador personal. Mucha gente da por sentado que los entrenadores personales tienen que haber salido apenas de la adolescencia. Pero las personas mayores pueden sentirse más cómodas con un entrenador personal más cercano a su edad.

Planificación de eventos

Como organizador de eventos, trabajarás en actos especiales en locales o festivales. Incluso los eventos pequeños, como las fiestas de cumpleaños, pueden beneficiarse de un planificador de eventos que coordine las invitaciones, el lugar de celebración, el *catering* y los servicios para los invitados. Este trabajo es muy variado, ya que puedes trabajar en numerosos eventos, como cumpleaños, bodas, aniversarios, graduaciones y otras ocasiones especiales.

Consultoría de jardinería

Si bien es posible que desees evitar el duro trabajo de ser paisajista, un consultor de jardinería puede permitirse utilizar su pulgar verde. Como consultor, ayudarás a propietarios de viviendas y empresas a crear un diseño paisajístico acorde con sus preferencias, requisitos y características del terreno.

Chef personal

Un chef personal trabaja con particulares y familias para elaborar comidas que se ajusten a sus preferencias y necesidades dietéticas. Incluso puedes preparar comidas para cenas o eventos en casa. Hay muchas empresas que ofrecen servicios de chef personal y puedes trabajar a tiempo completo o parcial.

Consultoría de reformas

Aunque existen gestores de proyectos, un asesor de reformas de viviendas trabaja con los propietarios para ayudarlos en todos los aspectos de los proyectos de reforma. Esta función puede incluir desde explicar los requisitos para obtener permisos hasta ayudar a diseñar planos y elegir materiales.

Contabilidad

Hoy en día, muchas empresas no quieren incurrir en el gasto de mantener un contador a tiempo completo en plantilla. Por eso, a menudo subcontratan sus necesidades de contabilidad a empresas y particulares. Como contable, puedes trabajar en una oficina o desde casa, pero tendrás que reunirte con los clientes, sobre todo durante la temporada de impuestos.

Agente inmobiliario

Como agente inmobiliario, serás el principal punto de contacto para compradores y vendedores. Orientarás a otros sobre el proceso de compraventa de viviendas y cobrarás una comisión por las ventas. También tendrás que establecer contactos y hacer publicidad para generar nuevos negocios.

Profesor de arte/artesanía

Si ya estás cualificado para enseñar artes y oficios, puedes trabajar a tiempo parcial aprovechando tus conocimientos y experiencia. Muchas escuelas carecen de fondos para un programa de artes a tiempo completo y ofrecen trabajo docente a tiempo parcial. También puedes dar clases en centros comunitarios, comunidades de jubilados y otros lugares.

Veamos ahora los empleos presenciales a tiempo parcial para trabajadores no cualificados. Pueden ser una buena opción si no tienes conocimientos formales o no quieres seguir trabajando en el sector en el que tienes experiencia o cualificaciones.

Asistente minorista

Como ayudante de comercio, podrías trabajar en la entrada de la tienda como recepcionista, ayudando a los clientes en la sala de ventas, registrando las transacciones en la caja o incluso en una zona designada de atención al cliente, como un puesto de envoltorio de regalos. Otra ventaja de trabajar en este puesto es que muchos comercios ofrecen descuentos al personal, por lo que podrías ahorrar dinero en las compras de tu marca favorita.

Cuidador de mascotas o paseador de perros

Si te gustan los animales, podrías trabajar a tiempo parcial como cuidador de mascotas o paseador de perros. Aproximadamente el 66% de los hogares estadounidenses tienen mascotas. Sin embargo, muchas personas no tienen el tiempo o la capacidad física para cuidar de sus amigos peludos las 24 horas del día, los siete días de la semana. Aquí es donde puedes ayudar. Este trabajo puede ser variado y gratificante, desde sacar a pasear a los perros mientras sus dueños están en el trabajo hasta cuidar de las mascotas mientras sus dueños están fuera de casa. También puede ser una buena forma de mantenerse activo a medida que vas envejeciendo.

Cuidador de niños

Serás responsable de la comodidad y el cuidado de los niños a tu cargo. Es posible que te requieran cuando los padres tengan que trabajar, viajar o simplemente necesiten una cita nocturna. Podrías trabajar en casas de familia o en un centro que ofrezca servicios de niñera, como una iglesia o un centro comunitario.

Mensajero/repartidor

El trabajo de mensajero se ha convertido en una actividad complementaria muy popular entre personas de todas las edades, incluidos los jubilados. Hay numerosas plataformas en las que puedes trabajar como autónomo repartiendo comida, alimentos, paquetes y otros artículos. Normalmente puedes elegir tu propio horario y trabajar con tu propio vehículo.

Limpieza de casas

Las tareas habituales pueden incluir barrer y fregar suelos, aspirar alfombras, quitar el polvo de las superficies, retirar la basura y cambiar la ropa de cama. Es posible que trabajes en casas particulares, pero hay funciones similares en hoteles y residencias.

Cuidador de césped

Un césped bonito puede hacer que una propiedad sea aún más impresionante, pero mantenerlo en buen estado puede ser todo un reto. Un cuidador de césped se especializa en este campo, cortando la hierba, aplicando fertilizantes, sembrando hierba y asesorando sobre prácticas de mantenimiento adecuadas. Puedes trabajar para una empresa de cuidado de césped u ofrecer tus servicios a casas particulares, empresas y edificios gubernamentales.

Demostrador de productos

Si sueles visitar tiendas de comestibles con regularidad, es probable que hayas visto a demostradoras de productos ofreciendo muestras gratuitas o mostrando productos en las tiendas. Como demostrador, charlarás con los clientes, repartirás muestras y ofrecerás cupones según la promoción concreta.

Comprador de comestibles

Hoy en día, mucha gente confía en el reparto de comestibles. Así que, como vendedor de comestibles, recogerás los productos según la lista del cliente. Puedes trabajar con una tienda de comestibles en exclusiva o hay plataformas de autónomos en las que puedes recoger los pedidos de comestibles de los clientes en distintas tiendas de tu zona.

Cuidador

Las personas mayores con problemas de movilidad o confinadas en casa a menudo necesitan ayuda con los cuidados personales cotidianos. Como cuidador, puedes ayudar a cocinar, limpiar y realizar tareas de cuidado personal. Este trabajo puede ser muy gratificante, ya que ayudas a las personas de tu comunidad y contribuyes a mejorar su calidad de vida.

Conductor de Uber/Lyft

Si te gusta conducir, un trabajo flexible a tiempo parcial puede ser como conductor de Uber o Lyft. Aunque estas plataformas tienen requisitos específicos, como pasar una verificación de antecedentes y tener un vehículo adecuado, puedes elegir los trabajos de conductor. También puedes aumentar tu tarifa por hora con propinas si prestas un buen servicio a tus pasajeros.

Trabajo en línea

Si tienes problemas de movilidad o quieres trabajar cómodamente desde casa, puedes hacerlo en línea. Hay muchas oportunidades para puestos cualificados y no cualificados. Por ejemplo:

Tutor en línea

Ya hemos hablado de ser tutor, pero también hay oportunidades fuera del aula. Numerosas plataformas en línea buscan continuamente tutores cualificados en diversas materias. Cada plataforma tiene sus propios requisitos para ser tutor, pero algunas solo exigen una certificación básica.

Responsable de redes sociales

Las redes sociales se han convertido en parte integrante del marketing para empresas y personas influyentes en Internet. Sin embargo, mantener varias cuentas de redes sociales puede llevar mucho tiempo, por lo que muchos subcontratan esta tarea a un gestor de redes sociales. Las tareas de este gestor incluyen publicar mensajes, responder a comentarios, interactuar con los suscriptores y, posiblemente, coordinar acuerdos de patrocinio.

Asistente virtual

Un asistente virtual es un trabajador autónomo que presta servicios de apoyo a empresas y autónomos. Se trata de un trabajo variado con distintas responsabilidades en función del cliente. Puede incluir responder a correos electrónicos, programar citas, redactar contenidos, etc.

Redactor/editor de contenidos

Si dominas el idioma, puedes trabajar a tiempo parcial como redactor o editor de contenidos. Puedes especializarte en un área concreta, aprovechando la experiencia de tu carrera anterior, u ofrecer servicios generales y escribir entradas de blog, artículos, páginas de ventas y correos electrónicos.

Diseñador gráfico

Los gráficos son parte integrante de casi todos los aspectos de la empresa, desde logotipos y elementos de sitios web hasta campañas de marketing. Si tienes conocimientos de diseño gráfico por tu trabajo anterior o quieres aprender otros nuevos, puedes trabajar como diseñador gráfico autónomo.

Traductor/intérprete

Si hablas varios idiomas con fluidez, podrías trabajar a tiempo parcial como traductor o intérprete. Muchas personas necesitan ayuda para leer documentos o incluso para entender lo que les dicen en las consultas médicas. Podrás ayudar a la gente y mantener tus conocimientos lingüísticos.

Asesor financiero

Si conservas las certificaciones adecuadas de tu carrera o estás dispuesto a recertificarte, podrías trabajar a tiempo parcial como asesor financiero online. Ayudarás a tus clientes a encontrar la mejor forma de alcanzar sus objetivos de inversión, ahorro y endeudamiento.

Representante de atención al cliente a distancia

La mayoría de las empresas tienen departamentos de atención al cliente, pero cada vez son más las que utilizan servicios a distancia. Básicamente, cuando envías un correo electrónico o utilizas la función de chat del sitio web de una empresa, lo más probable es que estés tratando con un representante de atención al cliente a distancia. Para desempeñar esta función, debes ser simpático y tener sólidos conocimientos informáticos.

Agente de soporte por chat

Este trabajo es similar a un representante de atención al cliente a distancia. Pero trabajarás exclusivamente a través de la función de chat del sitio web. Los clientes utilizan esta función para hacer preguntas sobre productos, consultar devoluciones o pedir información básica, como el horario de apertura de la tienda. Deberás sentirte cómodo trabajando con un ordenador y tener buenas aptitudes para la atención al cliente.

Vendedor de comercio electrónico

Si te gusta la idea de ser minorista pero no quieres los gastos generales de una tienda física, puedes convertirte en vendedor de comercio electrónico. Necesitarás un sitio web para comercializar los productos y facilitar la venta de artículos propios o de terceros. Como vendedor, también tendrás que ocuparte de la recogida y el embalaje, el envío de los artículos y el servicio de atención al cliente.

Empleado de entrada de datos

Este trabajo es bastante básico y no suele requerir cualificaciones formales, habilidades o experiencia. Simplemente necesitarás un buen ojo para los detalles y una mecanografía precisa para introducir los datos que te den en el documento deseado.

Encuestador

Si te gusta compartir opiniones sobre productos, servicios y otros temas, puede que te guste trabajar como encuestador. Este papel puede variar desde encuestas rápidas que rellenas en tu teléfono u ordenador hasta participar en grupos de discusión y foros. Numerosas plataformas ofrecen dinero en efectivo, tarjetas regalo y otras recompensas, lo que puede ser una forma divertida de complementar tus ingresos de jubilación.

Revisor del producto

Las reseñas de productos son un elemento clave para los artículos de marketing. El cliente moderno prefiere escuchar a alguien que ha usado y probado un producto antes que una palabrería de ventas. Como reseñador de productos, recibirás y evaluarás un artículo, proporcionando una reseña escrita que puede utilizarse en el sitio web de una empresa. El pago por las reseñas puede variar desde el reembolso del artículo hasta dinero en efectivo o tarjetas regalo.

Jurado en línea

Como jurado en línea, puedes participar en el proceso judicial desde tu casa. Participarás en juicios simulados que bufetes de abogados y abogados organizan para ayudarlos a prepararse para los procedimientos judiciales reales.

Además, revisarás la información del caso y tomarás una decisión como lo harías como jurado en un caso judicial real. Los comentarios pueden ayudar al equipo jurídico a poner a prueba sus casos y perfeccionar sus estrategias.

Recepcionista virtual

Los recepcionistas virtuales atienden las llamadas entrantes e intentan resolver los problemas básicos de los clientes, como facilitar información y concertar citas. Si el problema de la persona que llama es más complejo, derivará la llamada al departamento adecuado.

Telemarketer

Los teleoperadores hacen llamadas de ventas a clientes potenciales. Aunque esto suele hacerse desde un centro de llamadas, muchas plataformas y empresas ofrecen ahora oportunidades de trabajo a domicilio. Harás llamadas a partir de una lista de clientes potenciales siguiendo un guion que te proporcionará la empresa. Puedes ganar una tarifa fija por hora o trabajar a comisión.

Moderador de contenidos

Los sitios web suelen invitar a los usuarios a enviar comentarios, pero no todos son apropiados. Los moderadores de contenidos detectan las aportaciones que pueden ser insultantes, irrelevantes, dañinas, obscenas o ilegales. Este trabajo mantiene el contenido del sitio web útil e informativo.

Evaluador de medios sociales:

Este puesto consiste en proporcionar comentarios sobre anuncios, resultados de búsqueda y noticias para plataformas de redes sociales como Instagram y Facebook. Este trabajo es apto para principiantes y no requiere experiencia previa. Solo tienes que comprobar las afirmaciones, la veracidad y la calidad del contenido.

Microtareas

Si prefieres la idea de variedad, las microtareas pueden resultarte más atractivas. Como su nombre indica, la microtarea consiste en completar tareas muy pequeñas, que suelen llevar menos de dos minutos. Este trabajo puede incluir sondeos rápidos, comprobación de imágenes y otras tareas básicas.

Hay varias plataformas que ofrecen microtareas, como Amazon Mechanical Turk. Aunque estas tareas no están muy bien pagas, pueden suponer un buen ingreso adicional, ya que requieren muy poco tiempo.

Crear unos ingresos extra puede ser una gran solución si quieres algo más de seguridad económica. Si no estás seguro acerca de qué habilidades puedes utilizar para encontrar un trabajo a tiempo parcial o poner en marcha una nueva empresa, herramientas como la evaluación de competencias(1) pueden ayudarte. Esta herramienta es fácil de usar, ya que tienes que responder a algunas preguntas básicas, y puede destacar posibles oportunidades para ti.

Recuerda que la jubilación no significa necesariamente que tengas que dejar de trabajar, sobre todo si encuentras una oportunidad que complemente tus planes. Equilibrar el trabajo y la vida después de jubilarse no tiene por qué ser un reto una vez que sigamos los pasos restantes de este libro, empezando por aprender más sobre el autocuidado.

CAPÍTULO 8

CUIDARSE FÍSICA Y MENTALMENTE PARA DISFRUTAR DE LA JUBILACIÓN

"Cuida tu cuerpo, es el único lugar que tienes para vivir".

-Jim Rohn

Una vez completado el aspecto financiero de una jubilación segura, también debes tener en cuenta el bienestar, tu salud y capacidad para disfrutar de los años dorados. Los psicólogos recomiendan mantenerse activo, ya que pasar demasiado tiempo solo puede contribuir a problemas de salud, tanto físicos como mentales. Así que, en este paso, exploraremos cómo planificar y cuidar la jubilación más allá del ahorro y el dinero.

Los hechos del bienestar

Antes de pasar a los pasos prácticos hacia el bienestar físico y mental, es necesario comprender el concepto de bienestar. Hay ocho facetas del bienestar y, aunque ya hemos tratado los aspectos financieros y profesionales en los pasos anteriores de este libro, también hay que tener en cuenta los aspectos físicos, emocionales, intelectuales, medioambientales y sociales. Todas estas dimensiones requieren atención, ya que, con el tiempo, descuidar una o más repercutirá en tu salud, bienestar y calidad de vida.

Aunque lograr la estabilidad financiera y el control del ahorro pueden contribuir a los aspectos intelectuales, financieros y medioambientales del bienestar, es crucial no pasar por alto el bienestar físico, espiritual y emocional.

Es esencial tener en cuenta que, sin un bienestar completo, no podrás disfrutar plenamente de tu jubilación. En este paso, puedes prepararte para el bienestar espiritual y medioambiental, y el último paso se centra en el bienestar social.

Bienestar físico

Mantenerse activo es importante en cualquier etapa de la vida, pero lo es especialmente a medida que se envejece. La actividad física puede ayudarte a controlar el dolor, mantener e incluso aumentar el equilibrio y el movimiento de las articulaciones, controlar el peso y abordar otros problemas, como la diabetes, la tensión arterial y el colesterol. El ejercicio puede reducir el riesgo de ictus, cardiopatías y algunas formas de cáncer. Y lo que es más importante, la actividad física puede mejorar tu salud mental.

Si planeas una jubilación relajada, quizá te asuste la idea de tener que estar en constante movimiento, pero no es necesario. Según los CDC, las personas mayores de 65 años deben realizar 150 minutos de ejercicio moderado a la semana, lo que se puede dividir en 30 minutos al día, cinco días a la semana. Esta actividad podría ser tan sencilla como dar un paseo a paso ligero cada día. Alternativamente, podrías realizar 75 minutos de actividad vigorosa a la semana, como correr o hacer senderismo.

También se deben realizar al menos dos días a la semana actividades que fortalezcan los músculos y mejoren el equilibrio.

Si puedes cumplir estos mínimos, no solo mejorarás tu longevidad, sino que también aumentará el tiempo que permanecerás lo suficientemente en forma como para disfrutar de las actividades que desees realizar durante su jubilación. Este plan te ayudará a seguir siendo independiente y a disfrutar de una vida plena.

- ***Mantenerse activo***

  Lo bueno es que puedes alcanzar estas recomendaciones mínimas con variedad. El ejercicio aeróbico, que puede ser vigoroso o moderado, incluye actividades como caminar, correr, bailar y nadar. También puedes utilizar pesas o bandas para mejorar tu fuerza, mientras que el pilates o el Practicar la atención plena

  Muchas personas asumen erróneamente que la meditación y la atención plena son sinónimos, pero se trata de prácticas distintas. La meditación suele realizarse durante un tiempo determinado, mientras que la atención plena puede incorporarse a las actividades cotidianas. En esencia, implica estar completamente presente en el momento, observando atentamente tus acciones, emociones, pensamientos o palabras sin juzgarlos.

  La investigación ha demostrado que la atención plena puede mejorar el bienestar emocional, la salud física y la función cognitiva.

  Aunque la perspectiva pueda parecer desalentadora, hay algunas formas sencillas de empezar. En primer lugar, reserva tiempo para alejarte de las distracciones, incluidas otras personas y la tecnología. También puedes elegir una actividad que mueva tu cuerpo, donde puedas relajarte y desconectar, como caminar al aire libre. También puedes probar comer más despacio, con bocados más pequeños y masticando más de lo habitual.

Intenta ser consciente de lo que te rodea y de ti mismo para poder vivir plenamente el presente.

- ***Meditar para relajarse***

  La meditación va de la mano de la atención plena y puede beneficiar a la mente y al cuerpo al reducir el estrés, favorecer un sueño de calidad, calmar la ansiedad y contribuir al bienestar emocional.

  No hace falta pasarse horas meditando para disfrutar de sus beneficios. Empieza meditando unos minutos al día y, poco a poco, mejorarás y disfrutarás más.

- ***Salir más***

  La mayoría de nosotros nos sentimos más en paz cuando estamos en la naturaleza. Salir a bosques, selvas y otros entornos naturales puede levantarnos el ánimo, calmar el alma y revitalizarnos. De hecho, en un estudio de 2008, se demostró la relación entre vivir cerca o estar en espacios verdes y una mejor salud mental.

  Como después de jubilarte no estarás atado a un trabajo a tiempo completo, podrás salir más a disfrutar del aire libre. Ya sea dando un paseo y haciendo un pícnic o acampando en verano, intenta aprovechar tu tiempo libre y reconectar con la naturaleza.

- ***Practicar el autocuidado***

El término "autocuidado" es un poco nebuloso, ya que tiene un significado diferente para cada persona. El concepto general es tomarse un tiempo para hacer algo que mejore el bienestar emocional y mental. Este tiempo puede variar según tus preferencias e intereses. Pero debe darte una sensación de bienestar o paz.

Incluso algo tan sencillo como sentarse a leer o hacerse la pedicura puede ser un buen autocuidado. Sin embargo, hay varias formas de practicar el autocuidado. Desde disfrutar de una larga y relajante ducha por la mañana hasta dar un paseo, el autocuidado puede durar unos minutos o más, proporcionándote esa sensación de paz.

Si te cuesta pensar qué significaría para ti el autocuidado, hay cinco conceptos básicos que puedes utilizar:

- Ponte en movimiento: toma una clase de yoga, sal a caminar, únete a un grupo de *fitness*.
- Dedícate tiempo a ti mismo: medita, lee, escribe un diario, pinta o dedícate un pasatiempo que te interese.
- Sal al aire libre: da un paseo en coche, visita un parque o disfruta de la naturaleza.
- Conéctate con los demás: visita a amigos y familiares, únete a un club de lectura o a un centro comunitario, o asiste a una clase.
- Retribuye: dona tu tiempo a una causa que te apasione o hazte voluntario en una organización benéfica o escuela local.

El autocuidado es una gran herramienta para mantener bajos los niveles de estrés y sentirse más relajado y disfrutar de los años dorados. Incluso actividades sencillas, como la jardinería o el entrenamiento cerebral, pueden proporcionar autocuidado.

Piensa en qué actividades te harán sentirte relajado. Piensa en las cosas con las que soñabas antes de jubilarte. ¿Hay actividades para las que desearías tener tiempo ahora? Esto puede servirte de inspiración para tu autocuidado durante la jubilación.

Jimmy Buffet dijo una vez que "las arrugas solo van donde han estado las sonrisas", y comprender qué puede hacerte sentir una sensación de paz y felicidad te asegurará atesorar esas arrugas a lo largo de tus años dorados.

Tener las finanzas en orden es esencial para planificar la jubilación. Pero tu bienestar físico, mental y emocional también son cruciales. Cuanto más puedas cuidarte, más podrás disfrutar de tu retiro. Al fin y al cabo, de nada sirve planificar los fondos para tener una jubilación de varias décadas si no puedes relajarte y disfrutar.

Para aprovechar al máximo la jubilación, es esencial mantenerse activo y en buena forma física, al tiempo que cuidas tu bienestar emocional para saborear plenamente cada momento. Una vez que sepas cómo cuidarte física y mentalmente para disfrutar de tu jubilación, estarás preparado para adentrarte en el terreno de la búsqueda de objetivos e imaginar grandes sueños para dirigir los mejores años de tu vida.

Este viaje te proporcionará una sensación de plenitud a lo largo de tus años dorados sin poner en peligro el saldo de ahorros ni el presupuesto. Profundizaremos en estos conceptos en el siguiente paso de este libro.

CAPÍTULO 9

DARSE UN PROPÓSITO Y SOÑAR A LO GRANDE SIN GASTAR DINERO

"Más sonreír, menos preocuparse. Más compasión, menos juicio. Más bendición, menos estrés. Más amor, menos odio".

-Roy T. Bennett

Muchas personas tienen grandes sueños para su jubilación. Por ejemplo, puede que a alguien le encante la idea de viajar ahora que ya no está atado a su horario de trabajo ni a las restricciones de sus vacaciones anuales. De hecho, según un estudio de Visa, aproximadamente el 25% de los mayores de 65 años se va de viaje cada año. Sin embargo, las finanzas pueden restringir tus planes. En este paso, exploraremos cómo viajar y encontrar un propósito sin sacar una gran tajada de tu fondo de ahorros. Este paso te dará las herramientas para disfrutar plenamente de tu jubilación.

Encontrar un propósito en la jubilación

Antes de entrar en detalles, es importante reconocer la importancia de tener un propósito tras la jubilación. Para muchos de nosotros, nuestro trabajo es parte integrante de nuestras rutinas, estilo de vida e incluso identidad. Piensa en cuando conoces a alguien nuevo en una reunión social. Lo más probable es que una de las primeras preguntas que te hagan sea a qué te dedicas.

Una vez jubilado, dejarás de tener esta identidad, y esto puede hacer que muchas personas se sientan perdidas. En el peor de los casos, puedes empezar a sufrir problemas de salud y estrés porque empiezas a sentirte desconectado de los demás. Aunque no te encante tu trabajo anterior a la jubilación, es probable que te lleves bien con algunos de tus compañeros y disfrutes charlando con ellos a diario. Cuando ya no tienes que ir a trabajar todos los días, puedes empezar a sentirte solo y a la deriva.

Muchas personas también pueden sentirse decepcionadas porque no han encontrado su propósito y creen que ya deberían haberlo hecho. Existe la creencia generalizada de que, como adulto maduro, uno debería tener la vida resuelta. Aunque tengas ideas y planes para tu jubilación, la ausencia de un propósito claro puede provocar sentimientos de insatisfacción. Si te encuentras en esta situación, no estás solo. Un estudio de investigación publicado en *Psychiatry* descubrió que en adultos de entre 21 y 100 años, las personas solían encontrarle un sentido a la vida después de los 60 años. Por lo tanto, si aún no has identificado tu propósito para después de la jubilación, no te preocupes. El objetivo de este paso es inspirarte y ayudarte a descubrirlo.

Tu propósito será único para ti y te proporcionará una sensación de satisfacción y plenitud.

Los beneficios de encontrar un propósito

Tener un propósito una vez que ya no se tiene el estilo de vida de 9 a 17 puede ofrecer algunos grandes beneficios que mejoran la experiencia de jubilación. Algunos de los beneficios específicos incluyen:

- ***Mejora de la salud***

  La investigación(1) ha demostrado que tener un propósito tiene un impacto muy real en el bienestar físico. En el estudio, el equipo de investigación descubrió que las personas con una puntuación más alta en la valoración de su propósito tenían un 24% menos de probabilidades de ser físicamente inactivas, un 22% menos de probabilidades de desarrollar un IMC poco saludable y un 33% menos de probabilidades de experimentar problemas de sueño. También puede proporcionar mejores resultados en cuestiones de salud, como la recuperación de un ictus o la diabetes.

- ***Mejora del estado físico***

  Las investigaciones demuestran que un sentido de propósito puede repercutir en las funciones físicas(2). Esta actividad incluye factores como la capacidad para caminar, la fuerza de agarre y otras cuestiones que pueden mejorar tu calidad de vida y tu longevidad.

- ***Menos sentimientos de soledad***

  La soledad puede ser debilitante y provocar problemas de salud mental, incluida la depresión. Sin embargo, si tienes un propósito, es menos probable que te sientas solo, ya que tendrás motivos para salir a conocer gente, hablar con ellos y realizar actividades.

- ***Protección contra el deterioro cognitivo***

Una de las mayores preocupaciones entre los adultos mayores es el deterioro cognitivo. Para las personas con esta condición, no es fácil disfrutar de un estilo de vida activo. Sin embargo, el propósito en la vida se ha relacionado(3) con una mayor protección contra el deterioro cognitivo.

- ***Felicidad y longevidad***

Por último, existe un vínculo(4) entre el propósito y los sentimientos de felicidad, que pueden repercutir en la longevidad general y en la adopción de conductas saludables.

Sin embargo, aunque tener un propósito es crucial, puede ser contraproducente si implica gastos costosos que podrían desbaratar tus planes de jubilación. La regla de oro es no romper nunca tu presupuesto, ni siquiera con un propósito.

Encontrar el propósito de forma práctica en la jubilación

Ahora que reconoce la importancia de tener un sentido de propósito, vamos a explorar formas prácticas para que descubras ese propósito durante tu jubilación.

- ***Establece una conexión con tu yo auténtico***

Dedica algún tiempo a conocerte a ti mismo, lo que es importante para ti y tus valores generales. Como adulto maduro, es probable que ya tengas un buen conocimiento de ti mismo. Pero necesitas conectar a un nivel más profundo. Como ya se ha dicho, muchas personas se ven a sí mismas en el contexto de su carrera, pero esta es una nueva fase de tu vida.

Los seres humanos crecen, cambian y se desarrollan en cada etapa de la vida; la jubilación no es diferente. Por eso, es fundamental que te consideres a ti mismo sin la presión de tu carrera profesional.

Aunque este puede ser un concepto desalentador, puedes empezar con algunas preguntas de autorreflexión, entre ellas:

- ¿Qué cosas te hacen ser quien eres?
- ¿Qué cosas son más importantes para ti?
- ¿Cambiarían las cosas si no fueras padre, madre, vecino o empleado?
- ¿Qué te gustaría que representara tu vida?

Para ayudarte más, hay una lista de valores fundamentales que puedes estudiar para ver cuáles se aplican a ti o te inspiran. Son los siguientes:

Realización	Rendición de cuentas	Logros
Aventura	Autoridad	Desafío
Colaboración	Comunidad	Contribución
Cooperación	Creatividad	Disciplina
Ánimo	Igualdad	Excelencia

Experiencia	Emoción	Familia
Perdón	Libertad	Amistad
Generosidad	Bondad	Gracia
Gratitud	Salud	Honestidad
Humildad	Humor	Independencia
Influencia	Integridad	Alegría
Amabilidad	Liderazgo	Legado
Amor	Lealtad	Naturaleza
Paciencia	Paz	Crecimiento personal
Placer	Posibilidad	Potencia
Prestigio	Pureza	Respeto
Seguridad	Comodidad	Autocontrol
Desinterés	Servicio	Significado
Espiritualidad	Espontaneidad	Tolerancia
Viajes	Sinceridad	Variedad
Vitalidad	Riqueza	Sabiduría

Por ejemplo, si uno de tus valores fundamentales es la familia, debes buscar formas de mejorar las conexiones con tus seres queridos. Si te identificas con la generosidad en la jubilación, podrías explorar las oportunidades de voluntariado.

Los valores fundamentales también pueden proporcionar una atracción natural hacia las personas, los lugares y las actividades. Este paso significa que si haces un poco de introspección y conectas con tu yo auténtico, identificarás un camino para encontrar un propósito genuino.

- ***Anota tus talentos y dones únicos***

  Todo el mundo tiene talentos o dones que te hacen único y especial. Para encontrar un propósito en la jubilación, es importante reconocer y compartir tus dones. Por ejemplo, si tienes el don de la paciencia y la enseñanza, tu propósito podría ser ayudar a los demás escribiendo libros o desarrollando cursos de formación. Si tienes el don de tranquilizar a la gente, puede que el voluntariado en un hospital o centro asistencial te resulte gratificante.

- ***Explora las relaciones existentes***

  Examinar tus relaciones actuales, pasadas y potenciales podría ser la clave para encontrar tu propósito tras la jubilación. Es importante que te rodees de personas que puedan ayudarte a convertirte en una mejor versión de ti mismo. Por eso, es buena idea plantearse varias preguntas:

    - Esta persona, ¿te da energía o te agota?
    - ¿Es esta persona alentadora o crítica?
    - ¿Te gusta pasar tiempo con esta persona o te sientes obligado?
    - ¿Admiras su estilo de vida o quieres emularlos?

  Estas personas pueden llegar a ser influyentes, animarte a crecer, apoyarte en tus retos o pedirte cuentas. Pero recuerda que otras personas pueden cambiar igual que tú quieres cambiar.

Por ejemplo, es habitual que los matrimonios sufran una transición cuando se acerca la jubilación. Las diferencias pueden parecer mayores, pueden surgir frustraciones al pasar más tiempo juntos y puede parecer trabajo. Es importante ser honesto y evaluar la relación para ver si hay nuevas actividades que podrían fortalecer los lazos.

- ***Pide consejo***

  Queda con alguien a quien admires y pídele consejo. Esta persona puede darte una idea de tus cualidades y de cómo esto podría conducirte a tu propósito.

Examinar tus pasiones

Dedica un poco de tiempo a escribir tus pasiones e intereses. Este paso puede ayudarte a descubrir qué quieres hacer en un campo o interés concreto. Algo por lo que sientes interés ahora podría convertirse en una gran pasión o propósito una vez que dispongas de más tiempo libre en la jubilación.

También debes intentar identificar qué te hace sentir más feliz. La felicidad sin ningún significado te llevará a una vida superficial sin ningún propósito real. Así que destaca las cosas, las personas y las actividades que te hacen feliz.

Compartir tus talentos

Una vez identificadas tus pasiones, intereses y habilidades, es hora de devolverle algo al mundo. Esta acción a menudo conduce a encontrar un sentido de propósito y realización. Algunos ejemplos de formas de compartir y devolver son:

- ***Únete a un club social***

La mayoría de las comunidades cuentan con un club social donde los adultos mayores pueden reunirse y pasar el tiempo participando en diversas actividades. Este paso no solo es una excelente manera de socializar, sino que también puedes compartir intereses con personas afines.

- ***Ofrece tu tiempo como voluntario***

Como jubilado, deberías tener tiempo para dedicarte a retribuir. El voluntariado en una organización benéfica o sin ánimo de lucro te proporcionará actividades significativas y te permitirá conectar con la comunidad local.

Solo en Estados Unidos hay más de 1,5 millones de organizaciones sin ánimo de lucro, así que no te costará encontrar una causa que te interese o apasione. El voluntariado puede aportar beneficios mentales y físicos y no debe suponer un gasto de dinero.

Tendrás que investigar a qué organizaciones benéficas te gustaría ayudar de forma física o mental.

Algunos ejemplos son:

- ***Reparto de comidas***

Los programas de reparto de comidas pueden ser una ayuda vital para quienes no pueden cocinar por sí mismos. Normalmente, el reparto de comidas va dirigido a personas mayores con problemas físicos que limitan su movilidad. Sin embargo, también puedes entregar comidas a hogares con bajos ingresos, a personas con discapacidad o como parte de un programa de divulgación.

- ***Programas del Hospital Infantil***

  Cuando un niño está enfermo, puede ser estresante para toda la familia. Por eso, los voluntarios del hospital desempeñan un papel vital. Ya sea ayudando en la casa club del hospital a los hermanos o a algunos de los pacientes o haciendo de guía para ayudar a los visitantes a orientarse en los edificios, este papel puede ser gratificante y satisfactorio.

- ***Clasificar y empaquetar alimentos para Feeding America***

  Es uno de los mayores bancos de alimentos de Estados Unidos y ofrece diversas opciones para los voluntarios. Puedes trabajar en un huerto, hacer voluntariado desde casa, ayudar en despensas de autoservicio o clasificar y empaquetar paquetes de alimentos.

- ***Voluntariado a distancia para clínicas sin ánimo de lucro***

  La Asociación Nacional de Clínicas Gratuitas y Benéficas cuenta con más de 1 400 centros en todo el país. Aceptan voluntarios de distintas procedencias, desde personas sin formación médica hasta profesionales sanitarios titulados. Sin embargo, también puedes ser voluntario a distancia si prefieres trabajar desde casa.

- ***Mentor***

  Hay varios programas de tutoría juvenil que pueden ayudar a los niños con tutorías educativas, acompañamiento y otras funciones. Puedes encontrar un puesto de voluntario aunque no tengas formación pedagógica ni titulación docente.

- ***Acoger un animal***

  Cuando los propietarios de mascotas se enfrentan a problemas de salud u otras circunstancias que les impiden cuidar de sus queridos amigos peludos, a menudo necesitan un hogar de acogida compasivo. La ASPCA te ofrece la oportunidad de intervenir y ayudar a los propietarios a evitar la desgarradora decisión de realojar definitivamente a sus animales.

- ***Acoger visitas a museos locales***

  Si te gusta el arte y la historia, puedes convertirte en anfitrión de visitas guiadas en tu museo local. Esta actividad es ideal para quienes tienen formación artística. Pero puede ser adecuada para quienes sientan pasión por el arte, la historia y la cultura.

- ***Divulgación religiosa***

  Si eres religioso y quieres sentirte más implicado o conectado con tu religión, puedes ser voluntario en tu iglesia, templo, sinagoga o mezquita local.

Oportunidades de viajar

Si una de tus pasiones es viajar o sueñas con conocer otras partes del mundo, cuando te jubiles puedes combinarlo con el deseo de hacer voluntariado. Muchos programas de voluntariado pueden ofrecerte viajes gratis y darle sentido a tu vida, lo que podría abrir tu sentido de autorrealización a un nivel completamente nuevo.

Entre ellas figuran:

- ***El Cuerpo de Paz***

  Si eres ciudadano estadounidense, puedes servir como voluntario del Cuerpo de Paz. Esta organización ayuda a los países a satisfacer sus necesidades de personas capacitadas, y tu experiencia profesional puede convertirte en un activo para tu país anfitrión y tus compañeros voluntarios. Puedes utilizar tus conocimientos para ayudar a las comunidades a aprender. También puedes compartir tu interés o pasión, una afición, un deporte, o incluso inspirar a una nueva generación dentro del aula.

  El Cuerpo de Paz puede brindarte la oportunidad de conocer una nueva cultura, ver una nueva zona del mundo y ser acogido por una comunidad que valora tus conocimientos y experiencia. Lo mejor es que incluso puedes servir con tu pareja o cónyuge.

  El Cuerpo de Paz te permite seleccionar el país en el que desea servir, cuándo te gustaría partir y el tipo de trabajo que deseas realizar. También pueden elegir dónde te necesitan más, y el Cuerpo de Paz tratará de encontrar el puesto y el país que mejor se adapten a tus necesidades.

  Hay varios programas del Cuerpo de Paz que podrían interesarte. Entre ellos se incluyen:

  - Voluntarios del Cuerpo de Paz: servirás durante dos años, pero hay tres meses adicionales de formación. Este programa te brinda la oportunidad de sumergirte por completo en la comunidad de tu país de acogida.

- Respuesta del Cuerpo de Paz: este programa requiere servir de tres meses a un año en un puesto técnico especializado. Solo está abierto a aquellos con experiencia profesional relevante.

Consideraciones antes de ser voluntario

Antes de tomar la decisión de inscribirte en el Cuerpo de Paz, debes tener en cuenta algunas cosas. A cualquier edad, convertirse en voluntario podría afectar a varias áreas de tu vida. Por lo tanto, debes evaluar la decisión cuidadosamente. Se incluyen:

- ***Salud***

  El Cuerpo de Paz cuenta con importantes divulgaciones de información médica para los solicitantes, y todos los solicitantes deben someterse a evaluaciones médicas y dentales exhaustivas. Estas evaluaciones son fundamentales para garantizar que las necesidades médicas puedan cubrirse con los servicios disponibles en los países de acogida.

  Un oficial médico del Cuerpo de Paz estará en el país para ayudarte a mantener y proteger tu salud. Este oficial también puede proporcionar atención primaria cuando sea necesario. Si sufres una enfermedad que requiere un nivel de atención que no está disponible en el país de destino, el Cuerpo de Paz puede organizar una evacuación médica a Estados Unidos o a otro país.

- ***Prestaciones de la Seguridad Social y Medicare***

La Administración de la Seguridad Social es la única entidad que puede determinar si tus prestaciones se verán afectadas por prestar servicio como voluntario. Recibirás un subsidio de readaptación, y los pagos de Medicare y la Seguridad Social pueden deducirse de este subsidio.

Si optas por el voluntariado, debes estudiar detenidamente las implicaciones que este puede tener en las prestaciones de la Seguridad Social y Medicare. Puede haber implicaciones fiscales inesperadas que deberías comentar con tu asesor fiscal.

- ***Tecnología***

Hay muchas opciones que te ayudarán a mantenerte en contacto con familiares y amigos mientras estés fuera del país. Sin embargo, si quieres mantener un contacto regular, tendrás que comprobar los niveles de tecnología disponibles en el país que te asignen. Por ejemplo, mientras que el 92% de los voluntarios del Cuerpo de Paz disponen de servicio de telefonía móvil, sólo el 64% tiene acceso diario a Internet.

El Cuerpo de Paz puede ser una experiencia gratificante para los voluntarios, pero también puede suponer un reto. Es posible que tengas que desarrollar estrategias de aprendizaje de idiomas, tener menos libertad de movimiento y adaptarte a menos estructuras. Sin embargo, los voluntarios mayores suelen descubrir que su edad puede ser una ventaja dentro de las comunidades del país de acogida, ya que les proporciona una experiencia única que les permite ver mundo y devolver algo a cambio.

- ***World Relief***

Tiene aproximadamente veinte oficinas en todo Estados Unidos, cada una de las cuales ofrece oportunidades únicas de voluntariado. Este programa puede variar, desde darles la bienvenida a los que llegan al aeropuerto hasta ayudar a reasentar refugiados, impartir clases de idiomas y ayudar a los inmigrantes a solicitar la ciudadanía.

- ***Americorps***

Conecta programas locales, estatales y nacionales con ciudadanos que necesitan servicios de educación, sanidad, seguridad pública y seguridad. Hay oportunidades de voluntariado en estos campos, y puedes consultar los requisitos de cualificación y las opciones en el sitio web de Americorps.

- ***IVHQ***

El IVHQ (International Volunteer Headquarters) funciona desde 2007 y ofrece experiencias de voluntariado seguras y de alta calidad en el extranjero. Este programa te permite elegir el proyecto, la duración y el destino de la experiencia de voluntariado. Estos programas son asociaciones con organizaciones locales que ayudan a las comunidades en diversos proyectos, lo que puede ser una buena alternativa a los Cuerpos de Paz si no quieres comprometerte por un periodo más largo.

Viajar, buscar aventuras y encontrarle un sentido a la jubilación puede abrir puertas a la realización personal y a nuevas oportunidades. Si te encuentras entre los muchos adultos mayores que comparten el sueño de viajar, es posible hacerlo realidad sin poner en peligro el presupuesto o los ahorros para la jubilación. Descubrir tu propósito también te permitirá autorrealizarte y sentar las bases para lo que venga después.

CAPÍTULO 10

TRANSFORMAR TU LEGADO EN INSPIRACIÓN PARA OTROS

"Graba tu nombre en corazones, no en lápidas. Un legado queda grabado en la mente de los demás y en las historias que comparten sobre ti".

-Shannon Alder

La última faceta del bienestar que aún no hemos tratado es el bienestar social. En un estudio de investigación centrado en el aislamiento social y la soledad en los adultos mayores, el 43% de los encuestados mayores de 60 años declararon tener sentimientos de aislamiento y sufrir soledad. Este problema no solo puede poner en peligro sus planes de jubilación, sino que también puede provocar problemas de salud mental y física.

Para asegurarte de que tu jubilación transcurre según lo previsto, tendrás que buscar la compañía de tus seres queridos y de nuevas personas, inspirándolas para que sigan su viaje de jubilación, sus esfuerzos empresariales y su estabilidad financiera.

Así que, en este último paso, exploraremos cómo puedes utilizar el lado significativo de la jubilación para influir en los demás y dejar un legado mientras disfrutas de una sensación de bienestar social.

La importancia del bienestar social

El bienestar social es un término que engloba la creación de relaciones sanas, solidarias y enriquecedoras, y el fomento de conexiones genuinas con las personas que te rodean.

Tener un nivel óptimo de bienestar social te animará a entablar relaciones sanas y a desarrollar una red social de apoyo, lo que puede ayudarte a levantar el ánimo y a mantenerte en movimiento, incluso a medida que envejeces. Pero también puede tener importantes beneficios para la salud a largo plazo. Existe una relación entre una vida social activa y un menor riesgo de desarrollar demencia o Alzheimer.

Formas de mantenerse socialmente activo

Ahora que ya sabes lo importante que es el bienestar social, hablemos de cómo mantenerse socialmente activo con tus seres queridos y con gente nueva.

- ***Actividades para estrechar lazos con tu cónyuge***

  La jubilación es un periodo de cambios en el matrimonio. Al fin y al cabo, si has pasado varias décadas saliendo a trabajar cada día por separado, estar juntos las 24 horas del día puede suponer un cambio enorme.

  Muchas parejas experimentan una necesidad de adaptación, por lo que emprender algunas actividades de unión con su cónyuge puede ser una forma estupenda de reavivar la relación.

Ya sea programando una cita nocturna en la que salgan a cenar a su restaurante favorito o iniciándose en una nueva afición, pasar tiempo de calidad juntos es fundamental. Hay un montón de actividades para estrechar lazos que pueden probar, según sus preferencias e intereses.

Ya hemos hablado de las ventajas del voluntariado en el paso anterior, pero también puede ser una experiencia que estreche lazos con tu cónyuge. Si ambos son voluntarios de la misma organización, podrán vivir la experiencia de trabajar juntos y disfrutar de la satisfacción de ayudar a una buena causa.

Otras sugerencias son viajar, tomar clases de baile, unirse a un club de lectura o incluso jugar a las cartas.

- ***Encontrar romance o compañía***

Si eres soltero, la perspectiva de la soledad puede ser aún más desalentadora. Sin embargo, no estás solo. La tasa de divorcios en 2023 para las personas de 40 a 49 años es del 2,1%, mientras que si tienes más de 50 años, la tasa desciende al 1%. Esta estadística significa que al menos una de cada 1 000 parejas se divorciará más adelante.

Afortunadamente, el envejecimiento y el divorcio no tienen por qué ser el final de tu vida romántica. Redescubrir el romanticismo más tarde en la vida puede ser una forma estupenda de combatir los sentimientos de soledad.

Aunque la perspectiva de encontrar la chispa con alguien cuando se acerca la jubilación o después de jubilarse puede ser desalentadora, puedes empezar por participar en actividades sociales o unirte a un grupo que te interese. Esta actividad mejorará tu vida social y aumentará las posibilidades de conocer a posibles parejas. También hay sitios web de citas especializados en distintos grupos de edad, incluidos los mayores.

- ***Establecer vínculos multigeneracionales***

Si has sido bendecido con nietos, probablemente estarás de acuerdo con el 72% de los abuelos(1) que creen que es lo más satisfactorio e importante de la vida.

Una de las grandes ventajas de ser abuelo es que puedes disfrutar de los placeres de relacionarte con tus parientes más jóvenes sin toda la responsabilidad paterna. No tienes que ser tú quien insista en que se coman el brócoli. De hecho, ¡puedes darles algún dulce a escondidas!

Las relaciones intergeneracionales pueden mejorar tu calidad de vida y tu actitud, manteniéndote conectado con las tendencias y los cambios del mundo. Para crear vínculos con los más pequeños, procura pasar tiempo a solas con ellos. Este vínculo no solo les demostrará que los quieres como personas, sino que también creará un lazo especial que puede apreciarse para siempre.

Si no tienes nietos propios, intenta relacionarte con otros jóvenes de tu familia ampliada o con los hijos de tus amigos.

- ***Enseñar una habilidad inspiradora***

  Si tienes una habilidad que otros admiran, como tocar un instrumento musical, intenta transmitirle este conocimiento a nietos, hijos u otras personas. La música no solo es buena para mejorar la memoria y proporcionarle un ejercicio completo al cerebro, sino que puede ser una forma estupenda de estrechar lazos con los demás.

  Hacer música con alguien puede ayudar a expresar pensamientos, compartir sentimientos e incluso crear grandes recuerdos.

- ***Celebrar a tu familia***

  Celebrar con la familia puede ser una forma estupenda de crear recuerdos familiares y de acercarte a tus hijos y nietos. Después de jubilarte, tendrás más tiempo para volver a conectar con tu familia y poner en marcha nuevas tradiciones.

  Hay una serie de ideas sencillas para celebrar a tu familia iniciando o continuando tradiciones. Por ejemplo:

  - Fija una fecha para la reunión: muchas familias extensas solo suelen verse en bodas y funerales, lo que puede significar que no se vean durante años. Por eso, fija una fecha al año para celebrar una reunión familiar. Puedes organizarla en una casa diferente cada año o reunir a todos para viajar y descansar.

- Crea un calendario compartido: Google y otras herramientas online facilitan la creación de un calendario compartido para incluir los cumpleaños, aniversarios y otros eventos especiales de todos los miembros de la familia. Esta configuración garantizará que todos sepan cuándo se acercan.
- Organiza comidas familiares: si tienes familiares que viven cerca, organiza una comida al mes en la que pueda reunirse toda la familia.

Intenta cncontrar actividades de las que pueda disfrutar toda la familia, y se llevarán unos recuerdos magníficos.

- ***Reconectar con tus viejos amigos***

Reencontrarse con viejos amigos, conocidos y antiguos compañeros de trabajo es una forma estupenda de seguir conectado con tu círculo social. Tanto si quedas para tomar un café como si te pones al día por teléfono, hay muchas formas de seguir conectado.

Fija una hora al mes o a la semana para ponerse al día. Elige un lugar para quedar en persona, hablar por teléfono o incluso utilizar la tecnología, como Facebook o WhatsApp.

Si ya no ves a diario a tus amigos del trabajo, puedes empezar a sentirte solo, pero solo tienes que fijarte en las personas con las que te relacionaste en el pasado. Haz una lluvia de ideas con una lista de personas y considera la posibilidad de reconectar con antiguos compañeros de trabajo, antiguos compañeros de universidad, amigos de la infancia, padres de antiguos amigos de los hijos e incluso vecinos, grupos y amigos de barrios anteriores.

Todo el mundo tiene amigos con los que hace tiempo que no habla o no ve. Tanto si están al otro lado del país como si viven en la misma calle, haz un esfuerzo por mantenerte cerca de la gente.

- ***Planificar sorpresas aleatorias para tus seres queridos***

La mayoría de nosotros apreciamos la verdad del viejo dicho: "Es mejor dar que recibir". Hacer un regalo nos hace sentir bien y puede mejorar nuestras relaciones. Sin embargo, sorprender a un ser querido con algo que pueden hacer o disfrutar juntos tiene mucho más significado.

Lo mejor es que las sorpresas no tienen por qué costar un dineral, ni tampoco hay que hacer grandes gestos. Sorprende a un ser querido con una cena improvisada o un pícnic, escríbele una nota de ánimo en la bolsa del almuerzo o dedícale un rato a solas. Una sorpresa al azar puede hacer que un ser querido se sienta en la cima del mundo.

- ***Celebrar a los que pasan***

La muerte es inevitable; perderás a personas quc te importan y a las que quieres. Puede resultar difícil saber qué hacer con tus sentimientos. Ya sean tus abuelos, padres, hermanos o amigos, estas personas son una parte importante de tu vida, y sentirás la pérdida durante años.

Aunque puede resultar tentador mantenerse ocupado para no pensar en la pérdida, hacerlo puede ser perjudicial, tanto para ti como para la memoria de tu ser querido. En lugar de eso, intenta aceptar tus emociones y sobrellevar el proceso de duelo celebrando la vida de aquellos que han fallecido. Puedes escribir una sentida carta expresando tu agradecimiento por lo mucho que significaron para ti o reunirte con otras personas que también estén de luto para compartir historias y risas, conmemorando el espíritu de la persona y honrando su memoria.

- ***Compartir tus mejores lecciones de vida***

Una de las ventajas de envejecer es haber aprendido a superar los retos y las lecciones de la vida. Estas lecciones aprendidas pueden ayudar a otros cuando las compartes.

Tómate un poco de tiempo para evaluar lo que has vivido y aprendido. Pregúntatelo a ti mismo:

  - ¿Qué aprendí de algún error?
  - ¿Hice algo bien?
  - ¿Qué podría haber hecho de otra manera?
  - ¿Qué cosas marcaron una gran diferencia en mi vida, aunque parecieran pequeñas o insignificantes?

La investigación(2) ha demostrado que compartir experiencias vitales puede ser beneficioso para las personas mayores y las generaciones más jóvenes. Compartir puede transferir sabiduría, ayudar a superar el dolor e incluso podría llevar a rechazar estereotipos.

Compartir tus lecciones de oro a medida que te acercas a tus años dorados podría ayudar a los demás y a ti mismo.

- ***Enfocarte en aficiones para disfrutar con los seres queridos***

  Si hay una afición que no puedes esperar a hacer después del trabajo o los fines de semana, esto podría ser un foco para tu bienestar social, sobre todo cuando puedes compartirlo con tus seres queridos o amigos.

  Incluso actividades aparentemente solitarias, como leer, cocinar o pintar pueden pasar a formar parte de tu círculo social. Podrías unirte a un grupo de lectura, asistir o dar clases de cocina o de pintura.

  Escribe una lista de pasatiempos y clasifícalos por orden de prioridad según los que te apasionen especialmente. Incluso podrías incluir intereses que hasta ahora no habías tenido ocasión de explorar.

Actividades gratuitas de las que puedes disfrutar

Afortunadamente, hay muchas actividades de las que puedes disfrutar para crear una sensación de bienestar social que no te suponga un gasto excesivo. De hecho, hay muchas actividades que no cuestan nada.

Cuando te jubiles, tendrás tiempo libre para estar con la familia y los amigos, y no hace falta que te gastes un dineral. Algunas ideas son:

- Jugar a juegos de mesa.
- Jugar a las cartas.
- Apuntarte a una liga de bolos.
- Dedicarte a la jardinería.
- Planificar salidas de golf.

Consulta las actividades disponibles en tu zona. Los centros comunitarios y las instalaciones para mayores suelen ofrecer actividades gratuitas o a muy bajo coste. Recuerda que cuando coordines planes con tu familia o amigos, intenta que sean recurrentes. Por ejemplo, si te interesan los bolos, una liga hará que, en lugar de ser una actividad puntual, te relaciones con un grupo con regularidad, lo que estructurará tu rutina de jubilación.

Más actividades para disfrutar con los seres queridos

Si aún no se te ocurren ideas de actividades para disfrutar con los suyos, aquí tienes más sugerencias:

- Pícnic: tanto si comes al aire libre en el patio como si lo haces dentro de casa, un pícnic puede ser una actividad estupenda para todas las edades, sobre todo para los más pequeños. A los niños pequeños les puede encantar extender una manta en el suelo dentro de casa y montar un pícnic para ti, los niños y los amigos de peluche que quieran unirse.
- Películas clásicas: ten un día o una noche regular en la que veas películas clásicas. Es una forma estupenda de dar a conocer tus películas favoritas a tus seres queridos; ellos pueden corresponder compartiendo las suyas.
- Programas de televisión clásicos: esto es una ampliación de la idea anterior, pero ¿por qué no volver a ver programas de televisión de la infancia con familiares o amigos? Así pueden hablar sobre eso y compartir un momento agradable.

- Pintar o colorear: puedes divertirte con libros de colorear para adultos o pintar por números, compartiendo la afición con amigos y comparando tus proyectos.
- Álbumes de recortes: revisa viejos anuarios, álbumes y recuerdos para hacer un álbum de recortes. Puedes realizar esta actividad solo y compartir los resultados con tu familia o emprenderla como proyecto de grupo.
- Crear un recetario familiar: ¿por qué no crear un recetario si los miembros de la familia te piden recetas en las cenas o eventos especiales? Puedes documentar los platos favoritos de la familia con fotos, listas de ingredientes e instrucciones. Este libro puede ser una gran idea de regalo para los miembros de la familia, o pueden crear el libro juntos.

Formas de conocer gente nueva

Si te sientes un poco perdido y quieres conocer gente nueva, hay varias formas de ayudarte. Entre ellas:

- ***Apúntate a las apps de amistad***

  A muchas personas les resulta más difícil hacer nuevos amigos a medida que envejecen, sobre todo porque la edad adulta tiene sus propios retos. Una vez jubilado, ya no conocerás a gente en la escuela, en el trabajo o en reuniones del sector. Sin embargo, muchas aplicaciones de amistad pueden ayudarte a conectar con gente de tu zona o con intereses comunes.

  Por ejemplo, Meetup pone en contacto a personas según sus intereses, mientras que la aplicación Pawdate para teléfonos con iOS te ayuda a ti y a tu perro a encontrar nuevos amigos. Incluso hay aplicaciones que te ponen en contacto con gente de tu barrio, como Nextdoor. La mayoría de las aplicaciones son gratuitas y pueden proporcionar una forma sólida de disfrutar de la interacción social.

- ***Asiste a un retiro espiritual***

  Si te interesa hacer amigos y participar en tu comunidad, considera la posibilidad de visitar tu iglesia, sinagoga o mezquita local. Puedes ofrecerte como voluntario para ayudar en diversas actividades, como la escuela dominical, participar en comités financieros, unirte a equipos de mantenimiento o asistir a retiros espirituales. Esta puede ser una forma excelente de conectar con personas que comparten tu fe, fomentando una sensación de bienestar y plenitud.

- ***Únete a un grupo de senderismo***

  Los grupos de senderismo no solo te ayudarán a mantenerte físicamente activo, sino que también te permitirán relacionarte con otras personas y hacer amigos. Los grupos de senderismo pueden ser muy sociales y te permiten conocer gente de tu barrio y explorar tu comunidad local.

  Hay grupos para todos los niveles de estado físico, así que incluso si no estás en forma actualmente, puedes encontrar un grupo de ritmo lento que te ayude a ser más activo.

- ***Únete a un club de lectura centrado en la superación personal***

Unirse o fundar un club de lectura es una forma excelente de hacer nuevos amigos, sobre todo si se centra en la superación personal. Hablar de libros con personas con intereses similares mientras se toman un refresco o el té de la mañana puede ser la forma perfecta de socializar.

Si necesitas ayuda con los temas de discusión de los libros que va a tratar, puedes encontrar sugerencias de preguntas para el debate en la contraportada del libro.

- ***Aprender algo nuevo***

Tomar una clase de algo que te interesa puede permitirte aprender una nueva habilidad y conocer gente nueva. Independientemente de los temas de clase, puedes discutir las tareas con tus compañeros, socializar fuera de la escuela y hacer nuevos amigos.

- ***Conocer a otras personas a través del voluntariado***

Ya hemos hablado de las ventajas del voluntariado, pero también puede ser una excelente forma de conocer gente. Desde el voluntariado en tiendas de caridad o albergues locales hasta la inscripción en el Cuerpo de Paz, conocerás a personas que comparten tu pasión, lo que te proporcionará un interés común. Puede ser una forma magnífica de desarrollar una amistad duradera que se extienda fuera de ese entorno.

Seguir siendo socialmente activo y dejar un legado

Ya hemos destacado la importancia de mantenerse socialmente activo y hemos aportado muchas ideas. Aun así, la mayoría de las personas se sienten satisfechas sabiendo que han dejado un legado a quienes quieren inspirar o influenciar.

Hay muchas formas de enfocar esto, entre ellas:

- ***Encontrar un amigo por correspondencia***

  Tener un amigo por correspondencia a quien escribirle y con el que compartir tus conocimientos puede ser una gran conexión y añadirles valor a sus vidas. Puedes ayudar a un amigo por correspondencia a superar los retos de su vida, compartiendo tu experiencia y ayudándolo a evitar los escollos o problemas con los que tú te has encontrado.

  Tanto si tu amigo por correspondencia se encuentra en tu estado, en otro punto de Estados Unidos o incluso en otro país, tu correspondencia puede inspirarle a vivir su mejor vida.

  Algunas organizaciones pueden ayudarte a encontrar un amigo por correspondencia, como Global Penfriends(3) y PenPal World(4).

- ***Compartir tus conocimientos a través de la tutoría***

  Ser mentor, sobre todo de jóvenes, puede ser muy gratificante. Puedes utilizar tu experiencia y tus conocimientos para inspirar a los jóvenes. Tener a alguien en quien creer y a quien admirar puede ser crucial, sobre todo si el joven es vulnerable a la delincuencia, la drogadicción u otras situaciones desagradables. Un mentor puede ayudar a los jóvenes a crear un plan que les ayude a alcanzar sus sueños, animándolos a cursar estudios superiores y fomentando una salud mental positiva.

Muchas organizaciones facilitan la tutoría de jóvenes.

Por ejemplo, Children Rising(26) ha estructurado programas de tutoría en el área metropolitana de San Francisco. Estos programas incluyen clases particulares de lectura, matemáticas y deberes, así como tutorías para jóvenes de secundaria. Puedes utilizar tus pasiones, aficiones, habilidades o conocimientos para ofrecerte como voluntario en distintas funciones, orientar a los jóvenes y crear un legado duradero.

Steve Martin dijo una vez: "Sé tan bueno que no puedan ignorarte"; esto debería inspirarte para inspirar a otros a dejar un legado duradero. Establecer tu legado puede ir de la mano de tu bienestar social, ayudándote a evitar el aislamiento y la soledad, demasiado comunes en las personas mayores.

Si piensas en transformar tu legado en algo que pueda inspirar a tus seres queridos y a otras personas, podrás disfrutar de una sensación de plenitud a lo largo de tus años de jubilado.

Me gustaría pedirle su ayuda para compartir esta valiosa información con los demás.
Sólo le llevará unos minutos.

Dejando comentarios sobre este libro en Amazon, puede ayudar a nuevos lectores a entender cómo pueden planificar su jubilación aunque no dispongan de un presupuesto considerable o estén muy cerca de la edad de jubilación sin una planificación adecuada.

Hay muchas personas, como usted y como yo, que necesitan esta información para orientarse y facilitar su jubilación.

CONCLUSIÓN

La perspectiva de la jubilación puede resultar desalentadora a medida que envejecemos. Después de todo, muchos de nosotros hemos dedicado la mayor parte de nuestra vida adulta al trabajo y a nuestras carreras profesionales, por lo que la idea de dejar de recibir un sueldo mensual resulta comprensiblemente intimidante. Sin embargo, el propósito de este libro es ayudarte a comprender que ignorar este problema y esperar que se resuelva por sí solo no es una estrategia viable. Este libro pretende proporcionarte la información que necesitas para tener una perspectiva clara de tu jubilación y capacitarte para trabajar en pos de tus objetivos de jubilación con un plan de diez pasos.

A lo largo de este libro, hemos tratado la importancia de comprender claramente tu situación financiera actual y calcular el coste real de la vida de los jubilados. Aunque centrarse en el futuro es esencial, es igualmente crucial comprender tus finanzas actuales para realizar los cambios necesarios para liberar fondos que puedan invertirse en tus cuentas de jubilación.

Afortunadamente, el proceso de planificación de la jubilación puede dividirse en diez pasos manejables. Estos pasos incluyen la evaluación de las finanzas actuales, el ajuste de los ahorros, la reducción de las obligaciones y la planificación de diversos aspectos de tu jubilación, como la previsión de gastos no planificados y la búsqueda de un propósito.

Aunque este proceso está dividido en diez capítulos distintos, en este libro hemos abarcado mucho. Asegúrate de revisar cada paso y de realizar los ejercicios de presupuestación y planificación. La planificación de la jubilación puede ser compleja, pero el objetivo principal de este libro es aumentar tu confianza a la hora de calcular costes, ahorrar y planificar.

La jubilación no tiene por qué significar el final de una vida activa. Por lo tanto, no dejes de leer los últimos capítulos de este libro. Es importante considerar la posibilidad de crear ingresos adicionales a través de un negocio secundario, un trabajo a tiempo parcial o una nueva empresa. Esto no solo te proporcionará dinero extra para complementar tus ingresos de jubilación, sino que también te ayudará a mantenerte socialmente comprometido. Además, debes prestar atención a tu salud física y mental, descubrir un propósito y aprender a perseguir tus sueños sin comprometer sus planes de gastos para la jubilación.

La jubilación representa una transición importante para cualquiera. Tanto si tienes una carrera exigente como si te dedicas más al hogar, es probable que tu actitud, estilo de vida y economía cambien cuando te jubiles. Tendrás que considerar no solo las implicaciones financieras de dejar de recibir un sueldo, sino también cómo llenar tus días con actividades que te aporten satisfacción.

Tanto si se acerca la edad de jubilación como si acabas de empezar tu carrera profesional, nunca es demasiado pronto para empezar a planificar. Siguiendo estos diez pasos, podrás empezar a sentirte bien preparado y tomar decisiones proactivas para alcanzar tus objetivos. El estudio de los capítulos también te guiará en la creación de planes adecuados para asegurarte de que mantienes el rumbo de tus ahorros e inversiones.

Aprender a mantener la estabilidad financiera tras la jubilación puede resultar desalentador y estresante, sobre todo si actualmente tienes unos ingresos bajos o moderados. Puede resultar tentador posponer la reflexión. Pero si utilizas las herramientas prácticas que te proporciona este libro, podrás planificar los detalles y aliviar el estrés. De este modo, podrás ahorrar el dinero suficiente para una jubilación satisfactoria, incluso ante emergencias financieras.

Sin una planificación adecuada, realizar cualquier cambio resulta casi imposible. Sin embargo, si tomas las riendas de lo que tienes por delante, puedes empezar a sentirte seguro de que estás trabajando continuamente para conseguir la jubilación de tus sueños.

Utilizando las orientaciones que se te ofrecen en este libro, puedes prepararte y formarte para futuras elecciones y planes. Siguiendo estos pasos, podrás elaborar una perspectiva personalizada y adaptada a tus necesidades, equipada con todas las herramientas básicas necesarias para planificar el mejor resultado posible.

Estar bien informado es la forma más eficaz de aliviar el estrés de cualquier situación, incluida la planificación de la jubilación. Afortunadamente, no tienes que preocuparte por las caras comisiones de los asesores ni sacrificar por completo tu nivel de vida actual para ahorrar para la jubilación. Después de todo, no hay razón para retrasar la felicidad, la seguridad y la paz hasta la tu retiro. Puedes lograr el equilibrio y disfrutar de un estilo de vida de calidad ahora, mientras trabajas para conseguir la seguridad financiera en tus años dorados mediante una gestión y planificación autodirigidas.

Las preocupaciones financieras pueden afectar a personas de cualquier edad, pero los jubilados son especialmente vulnerables a los cambios en el coste de la vida y a la preocupación por la supervivencia de sus fondos. Sin embargo, la gestión de las finanzas es solo uno de los aspectos de una jubilación satisfactoria. Aunque dispongas de amplios recursos económicos, es poco probable que te sientas realizado en la jubilación si no tienes en cuenta tu salud mental y física, la retribución a los demás y el enriquecimiento de las vidas de las generaciones más jóvenes, que pueden beneficiarse de tu experiencia y sabiduría. Este tipo de legado tiene un valor incalculable y puede aportar un profundo significado a tu vida.

Por favor, siéntete satisfecho de haber realizado cada uno de los diez pasos de este libro y de haber elaborado tus planes de jubilación. Si gestionas tus finanzas y tomas decisiones con conocimiento de causa, podrás disfrutar de una jubilación feliz, segura y tranquila, rebosante de amor y felicidad.

REFERENCIAS

Notas: Las referencias para cada capítulo comienzan en #1. Solo habrá unas pocas coincidentes en el cuerpo del capítulo, el resto de las referencias son la información recopilada para crear el capítulo.

Capítulo 1:

1. Bank Rate. (n.d.). *Compound Interest Calculator - Savings Account interest calculator*. Bankrate. https://www.bankrate.com/banking/savings/compound-savings-calculator/
2. Ramsey Solutions. (n.d.). *Retirement calculator*. https://www.ramseysolutions.com/retirement/retirement-calculator
3. Gardner, L. (2023, April 10). *5 Steps to Check if your Retirement Plans are on Track ?* https://www.linkedin.com/pulse/5-steps-check-your-retirement-plans-track-lee-gardner/#:~:text=Evaluate%20your%20current%20retirement%20savings%3A%20Review%20your%20current%20retirement%20savings%2C%20including%20your%20pension%20plans%2C%20individual%20savings%20accounts%20(ISAs)%2C%20and%20other%20investments.%20Check%20how%20much%20you%20have%20saved%20and%20estimate%20how%20much%20you%20will%20need%20to%20maintain%20your%20desired%20lifestyle%20in%20retirement
4. Today, K. F. U. (2018, February 5). 6 ways to measure if your retirement plan is on track. *USA TODAY*. https://www.usatoday.com/story/money/columnist/2018/02/04/6-ways-measure-if-your-retirement-plan-track/300912002/
5. Kagan, J. (2023, October 4). *5 Retirement planning steps to take*. Investopedia. https://www.investopedia.com/articles/retirement/11/5-steps-to-retirement-plan.asp#:~:text=Likewise%2C%20it%20is,high%20living%20standard
6. Gardner, L. (2023b, April 10). *5 Steps to Check if your Retirement Plans are on Track ?* https://www.linkedin.com/pulse/5-steps-check-your-retirement-plans-track-lee-gardner/#:~:text=Review%20your%20pension,or%20property%20investments
7. *The National Council on Aging*. (n.d.). https://www.ncoa.org/article/14-steps-to-get-ready-for-retirement

8. *Paying off debt before retirement | Vanguard.* (n.d.). https://investor.vanguard.com/investor-resources-education/retirement/planning-paying-off-debt#:~:text=money%20for%20retirement%3F-,Your%20mortgage,to%20grow%2C%20which%20could%20benefit%20you%20more%20in%20the%20long%20run.,-Taking%20money%20out
9. NerdWallet. (2023, November 2). *How to track monthly expenses in 6 steps*. NerdWallet. https://www.nerdwallet.com/article/finance/tracking-monthly-expenses#:~:text=Check%20your%20account,Categorize%20your%20expenses
10. Scutt, S. H. (2022, August 3). *What Does Longevity Awareness Do To Retirement Planning? - Pension Research Council*. Pension Research Council. https://pensionresearchcouncil.wharton.upenn.edu/blog/what-does-longevity-awareness-do-to-retirement-planning/#:~:text=Understanding%20how%20individuals,and%20limited%20attention
11. Kagan, J. (2021, June 24). *Longevity Risk: What it is, How it Works, Special Considerations*. Investopedia. https://www.investopedia.com/terms/l/longevityrisk.asp#:~:text=Understanding%20Longevity%20Risk,May%2021%2C%202021
12. RetireGuide, LLC. (2023, October 30). *Longevity Risk: How To Ensure You Don't Outlive Your Savings*. RetireGuide. https://www.retireguide.com/retirement-planning/risks/longevity/#:~:text=How%20Can%20Your,in%20the%20future
13. *The National Council on Aging*. (n.d.-b). https://www.ncoa.org/article/14-steps-to-get-ready-for-retirement
14. Today, K. F. U. (2018b, February 5). 6 ways to measure if your retirement plan is on track. *USA TODAY*. https://www.usatoday.com/story/money/columnist/2018/02/04/6-ways-measure-if-your-retirement-plan-track/300912002/

Capítulo 2:

1. Patel, J. (2004, 2 de septiembre). Many Americans carry multiple retirement plans | PLANSPONSOR. PLANSPONSOR. https://www.plansponsor.com/many-americans-carry-multiple-retirement-plans/#:~:text=According%20to%20the%20American%20Express%20Personal%20Economy%20Survey%2C%20slightly%20more%20than%20one%2Dthird%20of%20all%20individuals%20have%20three%20or%20more%20retirement%20accounts%2C%20while%20one%20out%20of%20every%20six%20people%20own%20five%20or%20more%20accounts%2C%20a%20news%20release%20said.
2. Kagan, J. (2023a, 9 de enero). ¿Qué es la planificación de la jubilación? Pasos, etapas y qué tener en cuenta. Investopedia. https://www.investopedia.com/terms/r/retirement-planning.asp#:~:text=SIMPLE%20Individual%20Retirement,goal%20retirement%20age

3. Tipo de interés bancario. (s.f.-a). 9 Best Retirement Plans In November 2023 | Bankrate. Bankrate. https://www.bankrate.com/retirement/best-retirement-plans/#:~:text=significa%20para%20usted%3A-,Spousal%20IRA,Rollover%20IRA,-A%20rollover%20IRA
4. Kagan, J. (2023b, 2 de abril). Anualidad diferida Definición, tipos, cómo funcionan. Investopedia. https://www.investopedia.com/terms/d/deferredannuity.asp#:~:text=How%20Deferred%20Annuities,life%20as%20well
5. Best, R. (2023, 18 de octubre). 5 consejos para aumentar su cheque de la Seguridad Social. Investopedia. https://www.investopedia.com/articles/retirement/081616/5-tips-increase-your-social-security-check.asp#:~:text=Think%20of%20Social,Full%2035%20Years
6. Kagan, J. (2023b, 9 de enero). ¿Qué es la planificación de la jubilación? pasos, etapas y qué tener en cuenta. Investopedia. https://www.investopedia.com/terms/r/retirement-planning.asp#:~:text=Employer%2DSponspored%20Plans,Retirement%20Account%20(IRA)
7. Salary Reduction Simplified Employee Pension Plan (SARSEP) | Internal Revenue Service. (s.f.). https://www.irs.gov/retirement-plans/plan-sponsor/salary-reduction-simplified-employee-pension-plan-sarsep#:~:text=%C2%A0%0AAdditional%20Resources-,Participate%20in%20a%20SARSEP%20Plan,age%2021%20and%20earn%20the%20minimum%20amount%20of%20compensation%20during%20the,-current%20year.%20Bob
8. Employee Stock Ownership Plans (ESOPs) | Internal Revenue Service. (s.f.). https://www.irs.gov/retirement-plans/employee-stock-ownership-plans-esops#:~:text=An%20employee%20stock,nonallocation%20year%20
9. Tipo de interés bancario. (s.f.-b). 9 Mejores Planes de Jubilación En Noviembre 2023 | Bankrate. Bankrate. https://www.bankrate.com/retirement/best-retirement-plans/#best-investment-strategy

Capítulo 3:

1. Loibl, C., Moulton, S., Haurin, D. R., & Edmunds, C. (2020). The role of consumer and mortgage debt for financial stress. *Aging & Mental Health*, *26*(1), 116–129. https://doi.org/10.1080/13607863.2020.1843000
2. *Debt snowball calculator*. (n.d.-c). Vertex42.com. https://www.vertex42.com/Calculators/debt-reduction-calculator.html#:~:text=debt%20reduction%20strategies.-,Debt%20Reduction%20Calculator,for%20Excel%20and%20Google%20Sheets,-DOWNLOAD

3. Bareham, H. (2023, October 26). *How to calculate loan payments and costs*. Bankrate. https://www.bankrate.com/loans/personal-loans/how-to-calculate-loan-payments/#payments
4. Hartman, R., Marquardt, K., & Snider, S. (2023b, June 30). 9 reasons retirees carry debt. *US News & World Report*. https://money.usnews.com/money/retirement/articles/reasons-retirees-carry-debt#:~:text=Among%20retirees%2C%2071%25%20have%20debt,report%20from%20Clever%20Real%20Estate.
5. Birken, E. G. (2022, August 18). Retirement Planning: How To Get Out Of Debt Before Retirement. *Forbes Advisor*. https://www.forbes.com/advisor/retirement/retirement-planning-how-to-get-out-of-debt-before-retirement/#:~:text=Retiring%20with%20debt,retire%2C%E2%80%9D%20says%20Harrison
6. https://www.meerkat.co.za/blog/financial-planning/retirement-savings-debt#:~:text=Don%27t%20dip%20into,Retirement%20planning
7. https://www.meerkat.co.za/blog/financial-planning/retirement-savings-debt#:~:text=Before%20dipping%20into,more%20affordable%20premium
8. ttps://www.letsmakeaplan.org/financial-topics/topics-a-z/debt-management#:~:text=Making%20a%20plan%20for%20paying%20off%20debt%20starts%20by%20organizing%20your%20debt%20based%20on%20interest%20rate%2C%20terms%2C%20any%20tax%20benefits%20and%20other%20criteria.%20Debt%20management%20can%20help%20you%20figure%20out%20which%20debt%20to%20focus%20on%20first%20and%20how%20to%20lower%20what%20you%20pay%20in%20interest
9. https://www.moneymanagement.org/credit-counseling/what-is-debt-counseling#:~:text=able%20to%20help.-,Debt%20counseling,a%20day%2C%207%20days%20per%20week.%20Remember%2C%20it%E2%80%99s%20free%20to%20call.,-Review%20your%20finances
10. Kagan, J. (2023d, June 12). *What is debt consolidation and when is it a good idea?* Investopedia. https://www.investopedia.com/terms/d/debtconsolidation.asp#:~:text=some%20potential%20pitfalls.-,How%20Debt%20Consolidation%20Works,on%20debt%20consolidation%20to%20increase%20the%20likelihood%20that%20you%20will%20repay,-what%20you%20owe
11. Equifax. (2023). *How can I prioritize my debt payments?* https://www.equifax.com/personal/education/debt-management/articles/-/learn/how-to-prioritize-paying-off-debts/#:~:text=Short%2Dterm%20strategies,the%20snowball%20method

12. *7 steps to pay off debt and save for retirement.* (2023, March 23). Principal. https://www.principal.com/individuals/build-your-knowledge/7-steps-pay-debt-and-save-retirement#:~:text=Just%20as%20there,toward%20retirement%20savings

Capítulo 4:

1. *Retirement And Withdrawal Tax Calculator 2023/4 | Robson Savage.* (n.d.). https://www.robsav.com/resource-centre/tax-calculators/retirement-and-withdrawal-tax-calculator/
2. Daniel, C. (2023b, March 2). 3 Useful Retirement Planning Spreadsheet Templates | SSP. *Spreadsheet Point.* https://spreadsheetpoint.com/retirement-planning-spreadsheet/#:~:text=less%20expensive%20neighborhood.-,Taxes,of%20your%20Social%20Security%20payout%20may%20also%20be%20subject%20to%20taxation.,-Things%20a%20Good
3. Today, R. P. U. (2022, March 25). A financial shock could wreck retirees' or pre-retirees' finances: Here's how to be ready. *USA TODAY.* https://www.usatoday.com/story/money/personalfinance/retirement/2022/03/25/retirement-prepare-sudden-financial-hardship/7157673001/
4. Borzykowski, B. (2022, September 21). The ultimate retirement planning guide for 2022. *CNBC.* https://www.cnbc.com/guide/retirement-planning/#how-much-do-you-need-to-save-for-retirement
5. RetireGuide, LLC. (2023c, October 20). *Average retirement spending in 2023 + Budgeting tips - RetireGuide.* RetireGuide. https://www.retireguide.com/retirement-planning/average-spending/
6. Retirement, V. (2023, August 24). *5 Biggest expenses for retirees & How to Minimize them — Vision Retirement.* Vision Retirement. https://www.visionretirement.com/articles/largestexpensesretirees#:~:text=happy%20retirement.-,Utilities,this%20AARP%20article%20on%2013%20ways%20to%20save%20on%20these%20expenses.,-In%20sum%3A%20how
7. Berger, R. (2023, February 19). What Is The 4% Rule For Retirement Withdrawals? *Forbes Advisor.* https://www.forbes.com/advisor/retirement/four-percent-rule-retirement/#:~:text=His%20paper%E2%80%94,in%20Bengen%E2%80%99s%20work
8. Cfp, K. D. (2023, March 23). Retirement vs. emergency savings: How to prioritize in a shaky economy. *CNBC.* https://www.cnbc.com/2023/03/23/retirement-savings-vs-emergency-fund-how-to-prioritize.html#:~:text=Valega%20suggests%20an%20emergency%20fund%20of%2012%20to%2018%20months%20of%20expenses%2C%20admitting%20she%E2%80%99s%20%E2%80%9Cmore%20conservative%20than%20most%2C%E2%80%9D%20but%20says%20the%20exact%20number%20depends%20on%20your%20career%20sector%20a

nd%20personal%20preference.%20For%20example%2C%20she%20may%20encourage%20clients%20in%20tech%20to%20set%20aside%20more%20than%20health%2Dcare%20workers

9. Team, I. (2022, June 29). *How to build an emergency fund.* Investopedia. https://www.investopedia.com/personal-finance/how-to-build-emergency-fund/#:~:text=just%20five%20years.-,Where%20to%20Put%20the%20Money,The%20Bottom%20Line,-View%20your%20emergency
10. Securian Financial. (n.d.). *5 steps to build an emergency fund.* https://www.securian.com/insights-tools/articles/5-steps-to-building-an-emergency-fund.html#:~:text=2.%20Start%20with,monthly%20spending%20or
11. Probasco, J. (2022, October 14). *9 ways to boost your Social Security Benefits.* Investopedia. https://www.investopedia.com/articles/retirement/112116/10-social-security-secrets-could-boost-your-benefits.asp#:~:text=RETIREMENT%20PLANNING%20%20SOCIAL,%2C%E2%80%9D%20Page%201
12. Daniel, C. (2023, March 2). 3 Useful Retirement Planning Spreadsheet Templates | SSP. *Spreadsheet Point.* https://spreadsheetpoint.com/retirement-planning-spreadsheet/#:~:text=less%20expensive%20neighborhood.-,Taxes,of%20your%20Social%20Security%20payout%20may%20also%20be%20subject%20to%20taxation.,-Things%20a%20Good
13. Lake, R. (2023, October 23). *How to plan for medical expenses in retirement.* Investopedia. https://www.investopedia.com/retirement/how-plan-medical-expenses-retirement/#:~:text=What%20Medicare%20Covers%20
14. Shuman, T. (2023, November 9). *How much does assisted living cost?* SeniorLiving.org. https://www.seniorliving.org/assisted-living/costs/
15. Hopkins, J. (2022, June 28). *Long-Term care planning: It's about family.* Investopedia. https://www.investopedia.com/insurance/longterm-care-planning-its-about-family/#:~:text=The%20Complexities%20of,Impacts%20on%C2%A0Caregivers
16. Segal, T. (2023, June 10). *Estate Planning: 16 things to do Before You Die.* Investopedia. https://www.investopedia.com/articles/retirement/10/estate-planning-checklist.asp#:~:text=What%20Is%20Estate,transferring%20the%20money

Capítulo 5:

1. Mint. (n.d.). *Budgeting: Online Budget Building Tool | Mint.* https://mint.intuit.com/how-mint-works/budgets
2. NerdWallet. (2023, October 18). *Monthly 50/30/20 Budget Calculator.* NerdWallet. https://www.nerdwallet.com/article/finance/nerdwallet-budget-calculator?trk=nw_gn_5.0

3. *Zero-Based Budget Calculator - DollarSprout.* (2021, May 24). DollarSprout. https://dollarsprout.com/zero-based-budget-calculator/
4. Today, N. G. U. (2022, July 1). 57% of young adults dread budgeting. Here are 4 easy ways to remove the stress. *The Motley Fool.* https://www.usatoday.com/story/money/personalfinance/budget-and-spending/2022/07/01/budgeting-for-young-adults/50435075/
5. Cepf, D. S. (2023, September 12). *How to make a retirement budget.* SmartAsset. https://smartasset.com/retirement/how-to-make-a-retirement-budget
6. Fontinelle, A. (2023, July 25). *Budgeting for the 4 phases of retirement.* Investopedia. https://www.investopedia.com/articles/personal-finance/110315/4-phases-retirement-and-how-budget-them.asp#:~:text=What%20Is%20a,The%20Bottom%20Line
7. Solutions, R. (2023, September 6). *How to create a retirement budget.* Ramsey Solutions. https://www.ramseysolutions.com/retirement/how-much-money-will-you-need-in-retirement#:~:text=2.%20Plan%20your,Required%20Minimum%20Distributions
8. Whiteside, E. (2023, October 10). *The 50/30/20 budget rule explained with examples.* Investopedia. https://www.investopedia.com/ask/answers/022916/what-502030-budget-rule.asp#:~:text=Utilities-,30%25%3A%20Wants,20%25%3A%20Savings,-Finally%2C%20try%20to
9. Folger, J. (2021, September 15). *4 top apps to track your retirement money.* Investopedia. https://www.investopedia.com/articles/personal-finance/041515/4-best-apps-track-your-retirement-money.asp#:~:text=Robo%2Dadvisor%20Personal,encrypts%20user%20data

Capítulo 6:

1. *Life expectancy calculator - Office for National Statistics.* (2019b, June 6). https://www.ons.gov.uk/peoplepopulationandcommunity/healthandsocialcare/healthandlifeexpectancies/articles/lifeexpectancycalculator/2019-06-07
2. *Rocket money.* (n.d.-b). https://www.rocketmoney.com/learn/personal-finance/how-to-calculate-inflation-rate
3. North American Securities Administrators Association. (2020b, August 20). *Contact your regulator - NASAA.* NASAA. https://www.nasaa.org/contact-your-regulator/
4. Today, R. B. U. (2014, January 14). USA TODAY. *USATODAY.* https://www.usatoday.com/story/money/columnist/brooks/2014/01/14/retirement-scam-aarp/4393415/
5. https://www.charles-stanley.co.uk/insights/commentary/retirement-mistakes-to-avoid#:~:text=7.%20Falling%20victim,sort%20of%20retirement
6. *Rocket money.* (n.d.). https://www.rocketmoney.com/learn/personal-finance/how-to-calculate-inflation-rate
7. Scott, M. P. (2022, July 31). *Will you pay taxes during retirement?* Investopedia. https://www.investopedia.com/articles/retirement/12/will-you-pay-taxes-during-

retirement.asp#:~:text=to%20your%20accountant.-,Standard%20Deductions%20for%20Retirees,are%20married%20filing%20jointly%2C%20married%20filing%20separately%2C%20or%20a%20qualified%20widow,-(er)

8. Hartman, R., & Brandon, E. (2022, June 8). 10 common scams that target seniors and how to avoid them. *US News & World Report*. https://money.usnews.com/money/retirement/aging/articles/common-scams-that-target-seniors-and-how-to-avoid-them#:~:text=to%20an%20attack.-,Charity%20Scams,Funeral%20Scams,-If%20you%20place
9. *Avoiding retirement fraud | Investor.gov*. (n.d.). https://www.investor.gov/additional-resources/retirement-toolkit/avoiding-retirement-fraud#:~:text=your%20retirement%20years.-,What%20can%20I%20do%20to%20avoid%20being%20scammed%3F,Ask%20questions%20and%20check%20out%20the%20answers.,-Fraudsters%20rely%20on
10. Team, I. (2022b, July 25). *Borrowing from your retirement plan*. Investopedia. https://www.investopedia.com/articles/retirement/03/070203.asp#:~:text=to%20check%20first.-,Repaying%20a%20Retirement%20Plan%20Loan,2,-If%20you%20are
11. Hopkins, J. (2016, January 16). 5 Tips To Survive Stock Market Volatility In Retirement. *Forbes*. https://www.forbes.com/sites/jamiehopkins/2016/01/16/5-market-volatility-planning-tips-for-retirees/?sh=258378476106
12. Michael Liersch, global head of goals-based advice/strategy at J.P. Morgan Private Bank. (2018, November 12). Take these steps to control your (over)reaction in the face of market volatility. *CNBC*. https://www.cnbc.com/2018/11/09/take-these-steps-to-control-your-overreaction-to-market-volatility.html#:~:text=Be%20proactive%2C%20not%20reactive.%20Make,systematically

Capítulo 7:

1. https://www.careeronestop.org/Toolkit/Skills/skills-matcher.aspx
2. O'Brien, S. (2023, February 22). 1 in 6 retirees are mulling a return to work. What to consider before "unretiring." *CNBC*. https://www.cnbc.com/2023/02/22/1-in-6-retirees-are-considering-a-return-to-the-workforce.html#:~:text=Roughly%201%20in%206%20retired%20Americans%20say%20they%20are%20mulling%20over%20whether%20to%20get%20a%20job%2C%20according%20to%20a%20recent%20study%20from%20Paychex.%20On%20average%2C%20those%20%E2%80%9Cunretiring%E2%80%9D%20individuals%20have%20been%20out%20of%20the%20workforce%20for%20four%20years.
3. Vemparala, T. (2023, October 26). *26 Great business Ideas for entrepreneurs*. Business News Daily. https://www.businessnewsdaily.com/2747-great-business-ideas.html

4. Forstadt, A. (2021, October 14). *10 small business ideas for retirees*. https://www.uschamber.com/co/. https://www.uschamber.com/co/start/business-ideas/small-business-ideas-for-retirees#:~:text=Bed%2Dand%2Dbreakfast,and%20licensing%2C%20property
5. Siege Media, contributor to LegalZoom. (n.d.). *13 retirement business ideas*. Legalzoom. https://www.legalzoom.com/articles/13-retirement-business-ideas
6. https://www.indeed.com/career-advice/finding-a-job/best-jobs-for-seniors-over-60#:~:text=11.%20Tutor,an%20educational%20background
7. Cprw, T. G. (2023, November 3). 100+ Jobs for Seniors Citizens & Retirees in Demand in 2023. *Zety*. https://zety.com/blog/jobs-for-seniors#:~:text=Fitness%20Instructor.%20Know%20your%20way%20around%20a%20gym%3F%20Fitness%20instructors%20earn%20%2422/hr
8. https://www.wahojobs.com/article/social-media-evaluator
9. *Amazon Mechanical Turk*. (n.d.). https://www.mturk.com/#:~:text=MTurk

Capítulo 8:

1. https://www.apa.org/news/apa/2020/self-care-older-adults#:~:text=Adults%2065%20and,their%20own%20mortality.%E2%80%9D
2. Stoewen, D. L. (2017, August 1). *Dimensions of wellness: Change your habits, change your life*. PubMed Central (PMC). https://www.ncbi.nlm.nih.gov/pmc/articles/PMC5508938/#:~:text=Wellness%20encompasses%208,live%20life%20fully
3. Events, L. (2023, April 27). *Looking after your physical health and fitness*. NSW Government. https://www.nsw.gov.au/community-services/seniors/what-to-do-when-youve-retired/looking-after-your-physical-health-and-fitness#:~:text=Related%20information-,Importance%20of%20physical%20activity,Staying%20fit%20in%20retirement,-It%20does%20not
4. https://www.cdc.gov/physicalactivity/basics/older_adults/index.htm#:~:text=Adults%20aged%2065%20and%20older,of%20activities%20that%20strengthen%20muscles
5. *Ways to stay healthy in Retirement*. (n.d.). WebMD. https://www.webmd.com/healthy-aging/ss/slideshow-healthy-retirement
6. *Successful retirement: Staying healthy - Age watch*. (n.d.). https://www.agewatch.net/ageing-why-and-how/successful-retirement-staying-2/#:~:text=Aerobics%2C%20badminton%2C%20bowls,such%20%E2%80%98impact%E2%80%99%20activities
7. Meyer, C. (2023, October 27). *22 Activities to Improve your Health in Retirement*. Second Wind Movement. https://secondwindmovement.com/improve-health-in-retirement/#:~:text=And%20if%20you,try%20breaking%20up

8. https://www.arborcompany.com/blog/top-10-exercises-for-seniors-in-retirement#:~:text=You%E2%80%99re%20never%20too,Dancing
9. https://sensights.ai/top-free-nutrition-apps-for-seniors/#:~:text=This%20app%20has,helps%20in%20making
10. Atrio. (2022, June 20). *How Self-Care Can Improve Your Life in Retirement.* ATRIO Health Plans. https://www.atriohp.com/news-blog/2022/june/how-self-care-can-improve-your-life-in-retiremen/#:~:text=Ways%20to%20Practice,physical%20health%2C%20and
11. Experts, S. (2022, August 9). *5 tips on how to stay healthy after retirement.* https://www.linkedin.com/pulse/5-tips-how-stay-healthy-after-retirement-seniorexperts/#:~:text=Try%20to%20Relax,mind%20to%20wander

Capítulo 9:

1. Kim, E. S., Shiba, K., Boehm, J. K., & Kubzansky, L. D. (2020). Sense of purpose in life and five health behaviors in older adults. *Preventive Medicine*, *139*, 106172. https://doi.org/10.1016/j.ypmed.2020.106172
2. Kim, E. S., Kawachi, I., Song, M., & Kubzansky, L. D. (2017). Association between purpose in life and objective measures of physical function in older adults. *JAMA Psychiatry*, *74*(10), 1039. https://doi.org/10.1001/jamapsychiatry.2017.2145
3. *Purpose in life may protect against harmful changes in the brain associated with Alzheimer's disease*. (2012, May 7). EurekAlert! https://www.eurekalert.org/news-releases/512180
4. Alimujiang, A., Wiensch, A., Boss, J., Fleischer, N. L., Mondul, A. M., McLean, K., Mukherjee, B., & Pearce, C. L. (2019). Association between life purpose and mortality among US adults older than 50 years. *JAMA Network Open*, *2*(5), e194270. https://doi.org/10.1001/jamanetworkopen.2019.4270
5. Tigar, L. (2023, May 22). How to travel the world after you retire. *Real Simple*. https://www.realsimple.com/work-life/travel/travel-planning/traveling-in-retirement-tips#:~:text=Though%20trips%20for,geographically%20and%20financially.
6. Levy, O. (2023, September 22). Finding meaning and purpose after retirement. *Caring Places Management*. https://www.caringplaces.com/finding-meaning-and-purpose-after-retirement/#:~:text=Why%20Purpose%20Is,Stress%20Reduction
7. Meyer, C. (2023a, September 21). *5 Paths to Finding your Purpose & meaning in retirement.* Second Wind Movement. https://secondwindmovement.com/finding-purpose-retirement/#:~:text=The%20reality%20is%20that%20modern,why%20finding%20your%20purpose%20is
8. Levy, O. (2023b, September 22). Finding meaning and purpose after retirement. *Caring Places Management*. https://www.caringplaces.com/finding-meaning-and-purpose-after-retirement/#:~:text=QUESTIONS%3F%20CONTACT%20US-

,Financial%20Considerations,Ideas%20to%20Support%20a%20Meaningful,-Life%20After%20Retirement

9. Coxwell, K. (2022, June 28). *Prepare for Life After Retirement: 6 Ways to Find Meaning and Purpose for this Stage of Life*. NewRetirement. https://www.newretirement.com/retirement/prepare-life-retirement-ways-find-meaning-purpose-stage-life/#:~:text=5.%20Identify%20What,Week%E2%80%99s%20168%20Hours%3F
10. Levy, O. (2023c, September 22). Finding meaning and purpose after retirement. *Caring Places Management*. https://www.caringplaces.com/finding-meaning-and-purpose-after-retirement/#:~:text=Volunteering%20with%20a,Attending%20Local%20Events
11. RetireGuide, LLC. (2023a, August 16). *Volunteering & Retirees: Types, organizations and benefits*. RetireGuide. https://www.retireguide.com/retirement-life-leisure/volunteering/#:~:text=The%20largest%20network,specific%20eligibility%20requirements
12. *Volunteering and retirement*. (n.d.). https://www.peacecorps.gov/volunteer/is-peace-corps-right-for-me/50plus/#:~:text=you%20are%20a%20U.S.%20citizen%20and%20at%20a%20point%20in%20life%20where%20you%20are%20considering%20leaving%20the%20workforce%2C%20thinking%20about%20retirement%2C%20or%20excited%20to%20make%20a%20change%E2%80%94and%20a%20difference%E2%80%94consider%20serving%20as%20a%20Peace%20Corps%20Volunteer.%20You%20can%20even%20serve%20with%20your%20spouse%20or%20partner
13. World Relief. (2022, August 29). *Volunteer opportunities | Make a difference | World Relief.* https://worldrelief.org/volunteer/?utm_source=google&utm_medium=cpc&utm_campaign=LM-WR-Search-GBL-Nonbrand-NAV-Get_Involved&utm_term=overseas%20volunteering&utm_term=overseas%20volunteering&utm_campaign=LM-WR-Search-GBL-Nonbrand-NAV-Get_Involved&utm_source=adwords&utm_medium=ppc&hsa_acc=3178627692&hsa_cam=12477599504&hsa_grp=118342019723&hsa_ad=624852474947&hsa_src=g&hsa_tgt=kwd-351504315767&hsa_kw=overseas%20volunteering&hsa_mt=b&hsa_net=adwords&hsa_ver=3&gad=1&gclid=CjwKCAjw_aemBhBLEiwAT98FMq9zXctexbjQcFOvD7xg_SN2LcqChPEG_FG-SQYxNm3bCF9UYeGahxoCfBgQAvD_BwE#:~:text=US%20Opportunities,our%20volunteer%20network%3F
14. *Find a volunteer opportunity | AmeriCorps*. (n.d.). https://americorps.gov/join/find-volunteer-opportunity#/:~:text=Currently%20the%20following,note%20that%20AmeriCorps

15. Varoy, E. (2023, January 10). Peace Corps alternatives & programs like AmeriCorps. *International Volunteer HQ*. https://www.volunteerhq.org/blog/peace-corps-alternatives/#:~:text=your%20top%20choice.-,Where%20can%20you%20volunteer%20with%20IVHQ%3F,you%20can%20feel%20confident%20that%20IVHQ%20will%20be%20the%20best%20alternative.,-EXPLORE%20IVHQ%20DESTINATIONS

Capítulo 10:

1. The Editors. (2019, July 16). *Surprising facts about grandparents - Hella Life*. Hella Life. https://www.hellalife.com/blog/family/surprising-facts-about-grandparents/
2. Gallagher, P., & Carey, K. B. (2012). Connecting with the Well-Elderly Through Reminiscence: Analysis of Lived Experience. *Educational Gerontology*, *38*(8), 576–582. https://doi.org/10.1080/03601277.2011.595312
3. *Global PenFriends - PenPal Club*. (n.d.). Global Penfriends. https://www.globalpenfriends.com/
4. https://www.penpalworld.com/

Welcome to PenPal World. (n.d.-b). https://www.penpalworld.com/

5. *Volunteer - Children rising*. (2023, August 4). Children Rising. https://www.children-rising.org/volunteer/#:~:text=We%20invite%20YOU,East%20Bay%20community
6. Abrams, Z. (2020, March 27). Psychologists emphasize more self-care for older adults. *https://www.apa.org*. https://www.apa.org/news/apa/2020/self-care-older-adults#:~:text=Molitor%20says%20many,Academies%20Press%2C%202020).
7. Meyer, C. (2023b, September 21). *22 Ways to Improve Your Social Life After Retirement*. Second Wind Movement. https://secondwindmovement.com/social-life-after-retirement/#:~:text=The%20best%20way,along%20the%20way
8. StoryPoint Group & StoryPoint Group, Senior Care Experts. (2023, May 31). *Retirement Activities: 30+ ideas for everyone's lifestyle*. StoryPoint Senior Living. https://www.storypoint.com/resources/health-wellness/best-retirement-activities/#:~:text=Prioritize%20Your%20Hobbies,chance%20to%20explore
9. *40 activity ideas to spend time with family and seniors*. (n.d.). https://seniorsbluebook.com/articles/40-activity-ideas-to-spend-time-with-family-and-seniors#:~:text=Have%20your%20senior,book%20for%20the
10. Anglicare. (2023, June 1). *7 simple ways to stay active and social in retirement| Anglicare*. https://www.anglicare.org.au/media-centre/blog/7-simple-ways-to-stay-active-and-social-in-retirement/#:~:text=Joining%20a%20walking,have%20to%20offer
11. *Mentoring for Kids: 5 Ways to Be an Effective Mentor*. (n.d.). https://www.bgca.org/news-stories/2021/January/Mentoring-for-Kids-5-Ways-to-Be-an-Effective-Mentor#:~:text=Give%20More%20Kids,help%20guide%20them

12. *Volunteer - Children rising*. (2023, August 4). Children Rising. https://www.children-rising.org/volunteer/#:~:text=We%20invite%20YOU,East%20Bay%20community

13. *Family and Social Influences – Cheryl Pence, PhD*. (n.d.). https://cherylpence.com/family-and-social-influences#:~:text=Chart%20Out%20Your%20Influences,life%20to%20discourage%20you

Made in the USA
Monee, IL
12 November 2026

ab136e32-8ef2-46f3-8d1a-62863a83c5c1R01